निगाहों के साये

जाँ निसार अख़्तर

सम्पादक
विजय अकेला

राजकमल पेपरबैक्स

राजकमल पेपरबैक्स में
पहला संस्करण : 2020

राजकमल पेपरबैक्स : उत्कृष्ट साहित्य के जनसुलभ संस्करण

राजकमल प्रकाशन प्रा. लि.
1-बी, नेताजी सुभाष मार्ग, दरियागंज
नई दिल्ली-110 002
द्वारा प्रकाशित

शाखाएँ : अशोक राजपथ, साइंस कॉलेज के सामने, पटना-800 006
पहली मंजिल, दरबारी बिल्डिंग, महात्मा गांधी मार्ग, इलाहाबाद-211 001
36 ए, शेक्सपियर सरणी, कोलकाता-700 017

वेबसाइट : www.rajkamalprakashan.com
ई-मेल : info@rajkamalprakashan.com

यश प्रिंटोग्राफिक्स
ग्रेटर नोएडा-201 310 (उत्तर प्रदेश)
द्वारा मुद्रित

मूल्य : ₹250

NIGAHON KE SAYE
Geet by Jan Nisar Akhtar
Edited by Vijay Akela

ISBN : 978-93-89598-62-9

जाँ निसार अख़्तर

आपका जन्म 18 फ़रवरी, 1914 को ग्वालियर, मध्य प्रदेश में हुआ।

आपका ताल्लुक़ शायरों के परिवार से था। आपके दादा फ़ज़्ले-हक़ खैराबादी ने मिर्ज़ा ग़ालिब के कहने पर उनके दीवान का सम्पादन किया था। बाद में 1857 में ब्रिटिश सरकार के ख़िलाफ़ ज़िहाद का फ़तवा जारी करने के कारण उन्हें कालापानी की सज़ा दी गई। आपके पिता मुज़्तर खैराबादी भी एक प्रसिद्ध शायर थे। आप अलीगढ़ मुस्लिम विश्वविद्यालय के गोल्ड मेडलिस्ट एम.ए. थे। 1943 में आपकी शादी प्रसिद्ध शायर मजाज़ लखनवी की बहन 'सफ़िया सिराजुल हक़' से हुई जिनसे मशहूर शायर जावेद अख़्तर और सलमान अख़्तर का जन्म हुआ। 1947 में देश विभाजन के पहले ग्वालियर के विक्टोरिया कॉलेज में उर्दू के प्रोफ़ेसर रहे। फिर 1956 तक भोपाल के हमीदिया कॉलेज में उर्दू विभाग के अध्यक्ष पद पर रहे। इसी दौरान आप प्रगतिशील लेखक संघ से जुड़े और उसके अध्यक्ष बने। 1949 में आप फ़िल्मों में काम पाने के उद्देश्य से बम्बई आ गए। 1953 में कैंसर से सफ़िया की मौत हो गई।

आपकी प्रमुख कृतियाँ हैं—'सलासिल', 'तारे-गरेबाँ', 'जाविदाँ', 'नज़रे-बुताँ', 'ख़ाक़े-दिल', 'घर-आँगन', 'पिछले पहर' आदि। 'ख़ाक़-ए-दिल' के लिए आपको 1976 के 'साहित्य अकादेमी पुरस्कार' से सम्मानित किया गया। 'अनारकली', 'नूरी', 'प्रेम पर्वत', 'रज़िया सुल्तान', 'बाप रे बाप' आदि प्रसिद्ध फ़िल्मों में आपने गीत लिखे।

निधन : 19 अगस्त, 1976

विजय अकेला

विजय अकेला एक गीतकार हैं। 'कहो ना प्यार है' और 'कृश' में इनके लिखे गीत काफ़ी सराहे गए हैं।

विजय अकेला मुम्बई में रहते हैं और एफ़एम रेडियो जॉकी भी हैं। भारतवर्ष के अलावा इनकी आवाज़ खाड़ी-देशों में भी सुनने को मिलती है।

'निगाहों के साये' से पहले इन्होंने आनन्द बख़्शी के गीतों का संकलन 'मैं शायर बदनाम' भी तैयार किया था।

ग़रीब जान के हमको न तुम मिटा देना
तुम्हीं ने दर्द दिया है तुम्हीं दवा देना

—जाँ निसार अख़्तर

क्रम

अपनों की निगाहों में

परिशिष्ट

सम्पादकीय

भई जाँ निसार अख़्तर थे जाँ निसार अख़्तर
आशिक़ से बढ़के आशिक़ शायर से बढ़के शायर

जाँ निसार अख़्तर से न तो कभी मेरी कोई मुलाक़ात हुई न मैंने उन्हें कभी देखा ही है। मगर ऐसा क्यूँ है कि इनसान को अपने उसी महबूब के दीदार और दर्शन सबसे ज़्यादा होते हैं जिसे वह कभी नहीं देखता?

हाँ, मैंने देखा है जाँ निसार को। कभी उनकी साथिन सफ़िया अख़्तर के ख़तों के ज़रिए कि देखो साथी हौसला न छूटे। मैं हूँ न तुम्हारें साथ। तो कभी शायर निदा फ़ाज़ली के द्वारा पेश किए गए उन महफ़िलों की तस्वीरों के ज़रिए जिनमें वह बताते हैं कि जाँ निसार साहिर लुधियानवी के घोस्ट राइटर थे।

कभी जाँ निसार को मैंने सरदार जाफ़री और मजरूह सुल्तानपुरी की यादों की बारात में पाया कि तरक़्क़ीपसन्द जमात के एक दूल्हे जाँ निसार भी हैं तो कभी कृष्ण चन्दर के लेखों में पढ़ा कि 'अख़्तर वह अलबेला शायर है जिसको अपनी शायरी में चीख़ते रंग पसन्द नहीं हैं बल्कि उसकी शायरी घर में सालन की तरह धीमी-धीमी आँच पर पकती है।'

जाँ निसार का एक रूप उनके बेटे जावेद अख़्तर भी तो पेश करते हैं—डी.के. गुप्ता (त्रिशूल) और अश्विनी कुमार (शक्ति) के रूप में, अमिताभ बच्चन के पिता के रूप में। जहाँ बेटा, बाप से नाराज़ है। जहाँ दोनों के बीच तनाव है, टकराहट है और अन्त में बाप पर बेटे की विजय है। बाप सफल तो है, मशहूर तो है मगर अपनी कारगुज़ारियों पर शर्मिन्दा भी है। उसके लिए अपने बेटे के सवालों का जवाब देना आसान नहीं है कि बाप बेटे की निगाहों से अपनी निगाहें नहीं मिला सकता।

मुझे आश्चर्य होता है कि जाँ निसार अख़्तर पर रोमांस का जो एक क़ुदरती रंग सबसे ज़्यादा छाया रहा और जिसकी ही असल में सबसे ज़्यादा प्रशंसा और तारीफ़ होनी चाहिए थी कि जिसमें तसव्वुफ़ भी शामिल है उसको उस ढंग से समझने-बूझने की कोशिश क्यूँ नहीं की गई? यह चेहरा क्यूँ छिपाया गया? अख़्तर शीरानी के साथ तो ऐसा नहीं किया गया था फिर इस अख़्तर के साथ ऐसा क्यूँ किया गया?

मैं जाँ निसार अख़्तर को इल्म और फ़िल्म दोनों क्षेत्रों का अन्यतम रूमानी शायर मानता हूँ। मुझे ऐसा लगता है कि शायर की ज़िन्दगी की असल लड़ाई ही रोमांस को लेकर थी, रोमांस के लिए थी। वह जिया भी तो इसी रोमांस को ज़िन्दा रखने के लिए और मौत को भी गले से लगाया तो इसी रोमांस की ही आबरू बचाने के लिए। रोमांस जाँ निसार का ओढ़ना-बिछौना था, नियति थी। उनके रग-ओ-रेशों में रोमांस ही जैसे लहू बनके दौड़ता था। मज़े की बात तो यह है कि शायर जाँ निसार ने अपनी राष्ट्रवादी और समाजवादी शायरी को भी इसी रोमांस के गंगाजल से सींचा है।

अख़्तर की पूरी ज़िन्दगी और जाँ जैसे निसार थी उनके लिखे इन शे'रों पर कि—

ये हमसे न होगा कि किसी एक को चाहें
अय इश्क़ हमारी न तेरे साथ बनेगी

या

उस नज़र की उस बदन की गुनगुनाहट तो सुनो
एक-सी होती है हर इक रागिनी ये मत कहो

या

सस्ते दामों ले तो आते लेकिन दिल था भर आया
जाने किसका नाम खुदा था पीतल के गुलदानों पर

या

सोचो तो बड़ी चीज़ है तहज़ीब बदन की
वरना तो बदन आग बुझाने के लिए है

...और जब हम नज़र डालते हैं जाँ निसार के फ़िल्मी गीतों पर तो वहाँ भी यही अहसास होता है कि इस गीतकार ने अपने इन पाक-ओ-पवित्र गीतों की आत्मा को जीवित रखने के लिए, उनका मान बढ़ाने के लिए बहुत कष्ट सहे हैं और बहुत सहने को तैयार हैं। गीतकार जाँ निसार अख़्तर ने लिखा था—

आप यूँ फ़ासलों से गुज़रते रहे
दिल से क़दमों की आवाज़ आती रही
आहटों-सी अँधेरे चमकते रहे
रात आती रही रात जाती रही
आप यूँ फ़ासलों से...

या

अय दिल-ए-नादाँ
आरज़ू क्या है
जुस्तजू क्या है
अय दिल-ए-नादाँ
हम भटकते हैं
क्यूँ भटकते हैं
दश्त-ओ-सहरा में

या

ये दिल और उनकी निगाहों के साये
मुझे घेर लेते हैं बाँहों के साये
ये दिल और उनकी...
धड़कते हैं दिल कितनी आज़ादियों से
बहुत मिलते-जुलते हैं इन वादियों से
मुहब्बत के रंगीं पनाहों के साये
ये दिल और उनकी...

या

चोरी-चोरी कोई आए...
चुपके-चुपके सबसे छुपके
ख़्वाब कई दे जाए
चोरी-चोरी कोई आए...

यह जाँ निसार अख़्तर का पहला फ़िल्म गीत संग्रह है—'निगाहों के साये' और इसमें जाँ निसार के कुल 248 फ़िल्म-गीतों में से सिर्फ़ 151 गीतों को संकलित किया गया है जिन्हें आप गीत कम और पुरसुकून रोमांस की पगध्वनियाँ कहना ज़्यादा पसन्द करेंगे। मैं तो ख़ैर इन्हें गुनगुनाते झरने, खनकती चूड़ियाँ, सावन की बदलियाँ, ख़ामोशियों की दिलकश सरगोशियाँ और पता नहीं क्या कुछ कहूँगा।

जाँ निसार अख़्तर ने फ़िल्मों में जो कुछ लिखा, सही ग्रामर के साथ लिखा। अपनी फ़िक्र लिखी या उनका ज़िक्र लिखा गीत, ग़ज़ल, नज़्म और नस्र जैसी सारी विधाओं की परम्पराओं को निभाते हुए लिखा।

इस बात का ज़िक्र यहाँ इसीलिए कर रहा हूँ क्योंकि बड़े से बड़ा अदबी शायर भी जब फ़िल्मों में गीत लिखने आता है और जब उसे धुन की गिरफ़्त में बँधकर लिखना पड़ता है तो उसे बड़े अजीब-ओ-ग़रीब समझौते करने पड़ते हैं। फिर तो आलोचनाओं का जवाब भी उन्हें कुछ इस अन्दाज़ में देना पड़ता है कि—'मैंने तो जानबूझकर नए ग्रामर बनाए हैं' या 'ख़्यालों को भी आप ग्रामर के बन्धन में बाँधकर संकीर्ण करेंगे क्या?'

सच तो यह है कि अख़्तर की शायरी की जड़ें इतनी गहरी हैं कि शाखों पर सब्ज़ और सुनहरी कोंपलें तो उगनी ही थीं और उनमें रंग-बिरंगे, नीले-पीले फूल तो खिलने ही थे। फिर पतझड़ का मौसम भी आना ही था। वापिस बहार भी आनी थी। सो बहारें आती रहीं, जाती रहीं। पतझड़ भी आते रहे, जाते रहे और जाँ निसार अपने तख़ल्लुस अख़्तर याने सितारा की मानिन्द इल्म-ओ-फ़िल्म के आकाश पर चमकते रहे, दमकते रहे।

जाँ निसार अख़्तर उस मशहूर-ओ-मारूफ़ शायर मुज़्तर ख़ैराबादी के बेटे थे जिनका नाम सुनकर शायरी किसी शोख़ नाज़नीं की तरह इठलाती है। जाँ निसार उस शायरी के सर्वगुण सम्पन्न और मशहूर शायर सय्यद अहमद हुसैन के पोते थे जिनके कलाम पढ़ने भर ही से आप इंटेलेक्चुअल कहलाते हैं। हिरमाँ जो उर्दू अदब की तवारीख़ में अपना स्थान बना चुकी हैं वे जाँ निसार अख़्तर की दादी ही तो थीं कि जिनका असल नाम सईदुन निसा था। अब यह जान लीजिए कि हिरमाँ के वालिद कौन थे। वे थे अल्लामा फ़ज़ल-ए-हक़ ख़ैराबादी जिन्होंने दीवान-ए-ग़ालिब का सम्पादन किया था और जिन्हें 1857 के सिपाही-विद्रोह में शामिल होने और नेतृत्व करने के जुर्म में अंडमान भेजा गया था। कालापानी की सज़ा सुनाई गई थी।

शायर की बेगम का नाम सफ़िया सिराज-उल-हक़ था, जिनका नाम भी उर्दू अदब में उनकी किताब 'ज़ेर-ए-लब' और 'अन्दाज़-ए-नज़र' की वजह

से बड़ी इज़्ज़त के साथ लिया जाता है। और सफ़िया के भाई थे मजाज़। उर्दू शायरी के सबसे अनोखे शायर।

आज के मशहूर विचारक डॉ. गोपीचन्द नारंग ने तो इस ख़ानदान के बारे में यहाँ तक लिख दिया है कि इस ख़ानदान के योगदान के बग़ैर उर्दू अदब की तवारीख़ अधूरी है।

मिर्ज़ा दाग़ देहलवी के शागिर्द जनाब नारायण प्रसाद मेहर को शायरी में अपना उस्ताद मानने वाले जाँ निसार अख़्तर ने 1947 के सितम्बर महीने में मज़हबी दंगों की वजह से पहले ग्वालियर के विक्टोरिया कॉलेज के उर्दू के प्रोफ़ेसर की नौकरी छोड़ी फिर भोपाल गए और वहाँ पर कुछ अरसा हमीदिया कॉलेज में उर्दू के प्रोफ़ेसर रहे और अन्ततः 1948 में उस नौकरी से भी इस्तीफ़ा देकर मुम्बई चले आए। वस्तुतः उन दिनों कांग्रेस सरकार ने तरक़्क़ीपसन्द शायर-अदीबों को उत्तर प्रदेश में ही नहीं बल्कि पूरे देश में ख़ासा परेशान करना शुरू कर दिया था। पकड़-पकड़ कर जेल में डालना शुरू कर दिया था।

इधर 1947-48 में मुम्बई फ़िल्म-इंडस्ट्री धीरे-धीरे प्रगतिशील साहित्यकारों का एक ऐसा वतन बनती जा रही थी जिस वतन में इन्हें रचनात्मक सुकून और शोहरत हासिल हुई जा रही थी।...और इसके एवज़ अपनी नई तरह की पोइट्री, कहानी, संवाद और निर्देशन से ये जोशीले नौजवान फ़िल्म-जगत में ऐसे-ऐसे कारनामे अंजाम दिए जा रहे थे कि आज भारतवर्ष ही नहीं बल्कि पूरा विश्व उस सुलहले दौर पर नाज़ करता है।

आज क्या नहीं है हमारे पास? तकनीक है, पैसा है, वैज्ञानिक दृष्टिकोण है मगर वैसे जज़्बों के नहीं होने की वजह से पूरा का पूरा फ़िल्म-आन्दोलन दिशाहीन-सा हो गया है।

कहते हैं कि एक सदी की क़िस्मत सँवारने के लिए सिर्फ़ एक ही शायर का होना काफ़ी होता है। लेकिन उस दौर में सब थे—साहिर, मजरूह, शकील, कैफ़ी, शैलेन्द्र और जाँ निसार अख़्तर।

बहरहाल, जाँ निसार अख़्तर मुम्बई आकर पहले एक महीने तो इस्मत चुग़ताई के यहाँ रहे और अपना संघर्ष शुरू किया। यह बात 1948 की है और इसी साल उर्दू के इस प्रोफ़ेसर को पहली फ़िल्म मिली—'शिकायत'। संगीतकार थे राशिद आत्रे और गीत के बोल थे—

कोलतार में रंग दे पिया मोरी चुँदरिया

इसे मुहम्मद रफ़ी, दुर्रानी, ख़ान मस्ताना और असलम ने गाया था।

और फिर आई 'आरज़ू'। फिर 'खेल', फिर 'अनारकली'। जाँ निसार अख़्तर की तमाम फ़िल्मों की लिस्ट भी इस किताब के आख़िरी भाग में शामिल है। तो एक बार जब 'अनारकली' हिट हुई और उसका गीत अवाम ने सुना—

आ जान-ए-वफ़ा आ
कहते हैं किसे प्यार ज़माने को दिखा दे
दुनिया की नज़र इश्क़ के क़दमों पे झुका दे

और ख़ासतौर पर गीत का तीसरा अन्तरा सुना—

दीवाना महब्बत का कहीं डर के रुका है
दरबार में शाहों के कहीं इश्क़ झुका है
ख़ुद इश्क़ के दरबार में शाहों को झुका दे
आ जान-ए-वफ़ा आ...

तो फ़िल्मी हलक़ों में जाँ निसार अख़्तर के लिए खुलकर वाहवाही निकली। और जाँ निसार सबकी निगाहों में आ गए और छा गए।

आज रोशन का साथ मिला तो कल आप सी. रामचन्द्र के साथ हुए तो परसों एन. दत्ता के। लेकिन जिस एक संगीतकार ने आपसे सबसे ज़्यादा आशिक़ी की वे थे ओ.पी. नैयर।...और ओ.पी. नैयर की शोहरत उन दिनों मुम्बई और फ़िल्म-जगत में क्या थी, यह वही जानते हैं जो उस ज़माने के हैं।

अख़्तर की ज़िन्दगी के कुछ सर्वश्रेष्ठ गीत संगीतकार ख़य्याम के साथ भी हैं।

ख़ैर, 'अनारकली' के बाद 'बाराती', 'बाप रे बाप' 'यास्मीन' और 'छू मन्तर' के गीतों ने भी ख़ूब लोकप्रियता हासिल की।

फिर आई 'सी.आई.डी.' और फिर 'नया अन्दाज़'। एक तरफ़—

आँखों ही आँखों में इशारा हो गया
बैठे-बैठे जीने का सहारा हो गया... (सी.आई.डी.)

की धूम थी तो दूसरी ओर—

मेरी नींदों में तुम
मेरे ख़्वाबों में तुम
हो चुके हम तुम्हारी
महब्बत में गुम... (नया अन्दाज़)

गीत की। जाँ निसार अख़्तर को भारतीय सिनेमा ने अपना बना लिया था।

जाँ निसार के साथ अगर ट्रैजडी थी तो बस यही कि इनको अब तक सोलो लिरिक राइटिंग का अवसर नहीं मिल रहा था। एक-दो फ़िल्मों को छोड़कर।...और अफ़सोस ! यह सिलसिला इनके कैरियर में अन्त तक चला। अपनी पूरी ज़िन्दगी में इस गीतकार ने 80 फ़िल्मों में से सिर्फ़ 10 फ़िल्में सोलो लिरिक राइटिंग के तौर पर की।

बात चली है तो बताऊँ कि जैसे एक फ़िल्म को सही तरीक़े से हैंडल करने के लिए सिर्फ़ एक ही डायरेक्टर का होना अच्छी बात है उसी तरह असल में उसी एक गीतकार को यह पता होता है कि उसने उस फ़िल्म को अपने पिछले गीत के ज़रिए किस लिरिकल मोड़ पर छोड़ रखा था और अगले गीत को उसी लिरिकल सूत से मिलाते हुए किस मोड़ तक ले जाना है।

अलावा इसके, जब भी एक फ़िल्म में एक से ज़्यादा गीतकार हुए हैं इतिहास ने गवाही दी है कि इनके गीत उनके नाम से मंसूब हुए और उनके गीत इनके नाम से।

यह सच है कि फ़िल्म-जगत में असल जादू जोड़ियों का चलता है। यहाँ भी अकेला चना भाड़ नहीं फोड़ता। जाँ निसार की जोड़ी फ़िल्मों में उस ओ.पी. नैयर के साथ जमी जो और भी गीतकारों के संग जोड़ियाँ बनाकर काम करते थे। फिर अचानक ओ.पी. नैयर इनसे और ये ओ.पी. नैयर से रूठ से गए और 1960 के बाद दोनों ने संग-संग कभी काम नहीं किया। नैयर के अलावा इन्हें 9 फ़िल्मों में ख़य्याम और 7 फ़िल्मों में सी. अर्जुन का साथ मिला।

हमारे देश में फ़िल्में बहुत लोकप्रिय हैं। फ़िल्में यहाँ सबकी समझ में भी ख़ूब आती हैं मगर फ़िल्म-जगत का खेल किसी की समझ में नहीं आता। एक जुमले में बात यह है कि फ़िल्मों को इतने अच्छे-अच्छे गीत देनेवाले जाँ निसार को फ़िल्म-जगत ने वह सम्मान नहीं दिया, वह इज़्ज़त नहीं बख़्शी जिसके वे हक़दार थे।

ज़िन्दगी जाँ निसार के अज़ीज़ों—साहिर, मजरूह, शकील, शैलेन्द्र और कैफ़ी पर तो मेहरबान थी, मगर जाँ निसार पर नहीं। अख़्तर अक्सर गर्दिश में ही रहा।

बाद के वर्षों में आनन्द बख़्शी के नाम का भी डंका बजा और सिक्का चला मगर फ़िल्म-जगत ने जाँ निसार को एक दिन का बादशाह भी नहीं बनाया। उनकी 'नूरी' और 'रज़िया सुल्तान' के गीत ख़ूब हिट हुए मगर तब तक शायर का जनाज़ा उठ चुका था। 'नूरी' का टाइटल ट्रेक तो आज भी रिमिक्स सुनने वालों की पहली पसन्द है।

फ़िल्म-जगत वह जगत है जहाँ हर पल एक आस-सी बँधी रहती है। जीते-जी ही नहीं मौत के बाद भी। यहाँ इनसान अपनी ज़िन्दगी की बरबादी का तमाशा ख़ुद ही देखता रहता है। आग लगी रहती है और उसमें सब कुछ जलता रहता है। अगर ज़िन्दगी अक्सर जाँ निसार से रूठी-रूठी-सी रही तो उन्होंने भी इसे मनाने की कोई ख़ास कोशिश नहीं की। जो बिगड़ा उसे जैसे और भी बिगड़ने दिया, सँवारा नहीं। जैसे किसी बात को लेकर ठन-सी गई हो दोनों में। हाँ, अपने ग़म को कम करने के लिए इस शहर के बारे में इतना ज़रूर लिखा—

ज़िन्दगी ये तो नहीं तुझको सँवारा ही न हो
कुछ न कुछ हमने तेरा कर्ज़ उतारा ही न हो
शर्म आती है कि उस शह्र में हम हैं कि जहाँ
न मिले भीक तो लाखों का गुज़ारा ही न हो

लेकिन ज़िन्दगी चाहे मन से गुज़रे या बेमन से, एक दिन तो गुज़र ही जाती है। हमारी ख़ुशी या नाराज़गी से या फिर हमारी सफलता या विफलता से ज़िन्दगी की रफ़्तार में कोई फ़र्क़ नहीं पड़ता। और फिर हमारे गुज़रने के बाद ज़माना एक तरफ़ हमारे तजुरबों से सबक़ लेता है दूसरी तरफ़ ढूँढ़ता है हमारे सरमाये को।

12 बरस की उम्र में अपनी पहली ग़ज़ल कहने वाले जाँ निसार 1939 ई. के अलीगढ़ मुस्लिम विश्वविद्यालय के गोल्ड मेडेलिस्ट एम.ए. थे। 18 अगस्त, 1976 ई. को दिल के दौरे की वजह से इस जहान-ए-फ़ानी को ख़ैरबाद कहने वाले जाँ निसार का आबाई वतन भी ख़ैराबाद ज़िला सीतापुर था। 8 फ़रवरी, 1914 को ग्वालियर में पैदा हुए थे। जाँ निसार की शुरुआती पढ़ाई-लिखाई ग्वालियर ही में हुई थी। सातवीं में थे जब आपने अपनी पहली ग़ज़ल कही थी। इस ग़ज़ल पर आपने अपने अब्बा हुज़ूर जनाब मुज़्तर ख़ैराबादी से इस्लाह ली थी। 1934 में आपने इंटरमीडिएट की परीक्षा पास की थी और फिर अलीगढ़ मुस्लिम विश्वविद्यालय से पहले 1937 में उर्दू में बी.ए. किया फिर 1939 में एम.ए.।

25 दिसम्बर, 1943 को आपकी शादी सफ़िया सिराज-उल-हक़ से हुई थी। 9 साल बाद 17 जनवरी, 1952 को मोहतरमा सफ़िया का इन्तक़ाल हुआ। जावेद अख़्तर और सलमान अख़्तर इसी जाँ निसार और सफ़िया के पुत्र हैं।

17 सितम्बर, 1956 को जाँ निसार ने मोहतरमा ख़दीज़ा से दूसरी शादी की जिन्हें वो सफ़िया ही का दूसरा रूप मानते थे। सफ़िया ने जाँ निसार को जिस तरह कई ख़त लिखे थे और बाद में जब इसका प्रकाशन हुआ तो इसका नाम धरा गया था—'ज़ेर-ए-लब' उसी तरह जाँ निसार ने ख़दीज़ा को जो ख़त लिखे थे उसका नाम रखा गया था—'दर्द आशना'। जाँ निसार अख़्तर और ख़दीज़ा की दो बेटियाँ हैं—उनेज़ा और अलबीना 'फ़ेनी'। वैसे मोहतरमा ख़दीज़ा के उनके पहले पति से एक और बेटे हैं—शाहिद।

'सलासिल' जाँ निसार अख़्तर का पहला दीवान है तो 'तारे-गरेबाँ', 'जाविदाँ', 'नज़रे-बुताँ', 'ख़ाक़े-दिल', 'घर-आँगन' और 'पिछले पहर' बाद के दीवान हैं। आपके द्वारा सम्पादित 'हिन्दोस्ताँ हमारा' हमारे देश के विभिन्न शायरों के ऐसे कलाम का संग्रह है जिसे पढ़कर इनसानियत पर यक़ीन बढ़ता है। यह किताब अपने आप में पूरा हिन्दोस्तान भी है।

आपको सोवियत पुरस्कार से भी नवाज़ा गया तो महाराष्ट्र अकादमी पुरस्कार से भी। मुम्बई में पहले आप जे.जे. हॉस्पिटल के पास आरकेडिया बिल्डिंग में रहते थे और अन्तिम दिनों में बान्द्रा के 24वें रोड पर 'प्रेमालय' बिल्डिंग में।

बिखरे-बिखरे खिचड़ी सफेद-काले बाल। सुलगती सिगरेट, पाजामा और जवाहर कट शर्ट-कोट में खोए-खोए से रहने वाले जाँ निसार एक बार प्रोड्यूसर भी बन चुके थे और 1967 में मीना कुमारी और प्रदीप कुमार को लेकर सनमकदा बैनर तले 'बहू बेगम' भी बना चुके थे।

निदा फ़ाज़ली का कहना है कि इस फ़िल्म के लिए जाँ निसार ने स्वयं गीत लिखकर उस ज़माने की चलती दुकान साहिर लुधियानवी का लेबल लगा दिया था जिससे लोगों को लगा कि जाँ निसार एक शायर के तौर पर चूक गए हैं।

ख़ैर जो भी हो, मगर यह तो सच ही है कि जाँ निसार ने जीते-जी न अपनी सफलता देखी, न अपने गीतों का रुतबा ही देखा। हाँ, अपने नाराज़ बेटे जावेद अख़्तर की अद्भुत मक़बूलियत ज़रूर देखी।

उनके इस होनहार, इज़्ज़तदार, टैलेंटेड, मशहूर, अच्छे और अनोखे बेटे जावेद को देखकर और उनसे मिलकर यही लगता है कि वे अपने संग-संग अपने पिता जाँ निसार के हिस्से की भी सफलता ख़ुद ही जीए जा रहे हैं।

जावेद अख़्तर ने अपने दीवान 'तरकश' में 11 साल पहले लिखा था कि 18 अगस्त, 1976 को मेरे बाप की मृत्यु होती है (मरने से नौ दिन पहले उन्होंने मुझे अपनी आख़िरी किताब ऑटोग्राफ़ करके दी थी, उस पर लिखा

था—'जब हम न रहेंगे तो बहुत याद करोगे।' उन्होंने ठीक लिखा था)। अब तक तो मैं अपने आपको एक बाग़ी और नाराज़ बेटे के रूप में पहचानता था मगर अब मैं कौन हूँ। मैं अपने आपको और फिर अपने चारों तरफ़, नई नज़रों से देखता हूँ कि क्या बस यही चाहिए था मुझे ज़िन्दगी से। इसका पता अभी दूसरों को नहीं है मगर वो तमाम चीज़ें जो कल तक मुझे ख़ुशी देती थीं झूठी और नुमाइशी लगने लगी हैं। अब मेरा दिल उन बातों में ज़्यादा लगता है जिनसे दुनिया की ज़बान में कहा जाए तो, कोई फ़ायदा नहीं। शायरी से मेरा रिश्ता पैदाइशी और दिलचस्पी हमेशा से है। लड़कपन से जानता हूँ कि चाहूँ तो शायरी कर सकता हूँ मगर आज तक की नहीं है। ये भी मेरी नाराज़गी और बग़ावत का एक प्रतीक है। 1979 में पहली बार शे'र कहता हूँ और ये शे'र लिखकर मैंने विरासत और अपने बाप से सुलह कर ली है...।'

आज भी जावेद अख़्तर से अगर आप जाँ निसार अख़्तर के मुताल्लिक़ पूछें तो वे ज़्यादा कुछ नहीं बोलते। हाँ, कुछ वर्ष पूर्व एक तब्दीली देखने को ज़रूर मिली थी। अपनी शुरुआती दौर की तमाम फ़िल्मों में बाप से नाराज़ रहनेवाले बेटे का चरित्र गढ़ने वाले इस जावेद अख़्तर ने 1998 में एक फ़िल्म लिखी थी 'कभी न कभी'। इसमें उन्होंने पहली बार एक ऐसी कहानी पेश की थी जिसमें बाप से नाराज़ रहने वाला और उस पर शक करने वाला बेटा उम्र भर अपने किए पर पछताता रहता है। क्या इस दौर में जावेद अख़्तर भी पश्चात्ताप ही कर रहे हैं?

जाँ निसार अख़्तर एक प्रगतिशील शायर माने जाते रहे हैं और प्रगतिशील शायरों की एक विशेषता होती है कि वे अपने जीते-जी अपने वर्क का प्रकाशन स्वयं ही करवा लेते हैं। चाहे इल्मी पोइट्री हो या फ़िल्मी। जैसे साहिर लुधियानवी, कैफ़ी आज़मी और मजरूह सुल्तानपुरी के फ़िल्म-गीतों का संकलन उनके जीते-जी ही आ गया था। जिनका नहीं आया उनके उत्तराधिकारियों ने यह काम किसी न किसी रूप में करवाया है और करवा रहे हैं।

प्रसंगवश, आज अमिताभ बच्चन श्री हरिवंश राय बच्चन के कार्यक्रमों और किताबों के मुताल्लिक़ आगे बढ़कर हिस्सा लेते हुए दिखलाई पड़ते हैं तो शबाना आज़मी कैफ़ी आज़मी के मुताल्लिक़। ऐसा ही कुछ मजरूह, शैलेन्द्र, प. प्रदीप और क़मर जलालाबादी के उत्तराधिकारियों को भी करते देखा जाता है। आख़िर जावेद अख़्तर के क़दम क्यूँ रुक-रुक से जाते हैं जबकि दूसरे शायरों के सिलसिले में वे रस ले-लेकर बात करते हुए नज़र आते हैं?

आज जावेद अख़्तर निःसन्देह हमारे देश के सबसे बड़े बुद्धिजीवियों में हैं और चूँकि उनकी हरेक बात में एक बात होती है इसीलिए मुझे लगता है कि शायद वे यह सोचते हों कि जाँ निसार अख़्तर अगर इस युग में भी लोगों के दिलों में अपनी जगह बनाएँ तो ख़ुद अपनी ही बदौलत। किसी प्रमोशन और बड़े नाम की बैसाखी के ज़रिए नहीं।

एक और दिलचस्प बात बताऊँ? इन बाप-बेटे को इस फ़िल्म इंडस्ट्री ने अपने-अपने वक़्त की फ़िल्म 'मिस्टर इंडिया' में गीत लिखने के मौक़े दिए थे जिनमें दोनों ने ख़ूब अच्छे-अच्छे गीत लिखे थे।

अफ़सोस की बात यह है कि आज जाँ निसार अख़्तर की 80 फ़िल्मों में से 10 फ़िल्मों का भी म्यूज़िक, सीडी, कैसेट या वीसीडी किसी भी रूप में बाज़ार में उपलब्ध नहीं है। ऐसे में न सिर्फ़ मेरा निजी संगीत ख़ज़ाना और दीवानापन काम आया बल्कि मैं फ़िल्म संगीत इतिहासकार श्री चन्द्रवदन मोहन लाल देसाई का भी ख़ासा आभारी हूँ जिन्होंने भी मुझे अपने संगीत ख़ज़ाने से जाँ निसार अख़्तर के कई दुर्लभ रत्न निकालकर दिए और अन्त में शाहिद अख़्तर ने अपने अब्बा जाँ निसार अख़्तर के द्वारा संगृहीत कलेक्शन दिया।

कलेक्शन प्राप्त कर लेना एक बात थी और उन 78 आर.पी.एम. वाले घिसे रेकाड्र्ज़ को महँगी क़ीमतों पर सीडीज़ बनवानी दूसरी बात। फिर घिसे हुए गीतों के एक-एक लफ़्ज़ को काग़ज़ पर उतारना और सुस्पष्ट न होने पर उन्हें पचासियों दफ़ा फिर से सुनना एक बड़ा ही हौसले को चुनौती देने वाला लिरिकल और म्यूज़िकल अनुभव रहा।

चूँकि जाँ निसार साहब ने 85 प्रतिशत फ़िल्में दो-दो, तीन-तीन शायरों के साथ की हैं इसीलिए यह जाँच करना भी बड़ा रुचिकर रहा कि कौन-से गीत असल में इनके हैं, कौन-से दूसरे शायरों के।

पुरानी इल्मी और अदबी शायरी में जिस तरह फ़लाँ के मशहूर शेर बड़ी आसानी से दूसरे शायरों के नाम से मंसूब हैं कुछ वैसा यहाँ भी न हो इसका बहुत ख़्याल रखा है मैंने। सच तो यह है कि ऐसे संकलनों का एक प्रमुख ध्येय दुर्लभ और अनमोल गीतों को बचाना भी है, सँभालना भी है और आख़िरकार उन्हीं शायरों के नाम भी कर देना है जिनके क़लम से ये निकले हैं। आख़िर मुम्बई में सर्द-गर्म स्ट्रगल झेलने वाले बेचारे शायर कहाँ तक और कब तक अपनी रचना सँभालकर रखें?

न चाहते हुए भी एक बात क़ाबिल-ए-ज़िक्र है कि जब लेखक ने इस किताब के लिए लिविंग लेजेंड ओ.पी. नैयर साहब से अख़्तर साहब को याद

करने को कहा और बताया कि उन्होंने सबसे ज़्यादा 14 फ़िल्में आप ही के संगीत निर्देशन में की हैं तो उनका जवाब था 'बग़ैर पैसे लिए मैं कुछ भी नहीं बोलूँगा।'

लेखक ने उनसे बारहा इल्तजा की कि 30 बरस पहले गुज़रा उनका यह मित्र अख़्तर न तो कोई हॉट केक है न बड़ा प्रोड्यूसर या नामी फ़ाइनेंसर मगर फिर भी उनका जवाब नकारात्मक ही रहा।

अब यह क्या एक संगीतकार के द्वारा एक गीतकार का मरणोपरान्त शोषण है?

यह किताब मैं उन करोड़ों लोगों के नाम तो करता ही हूँ जिन्होंने जाँ निसार अख़्तर के नग़मों को अपने होंठों पर सजाया है साथ ही साथ अपनी माशूक़ शहनाज़ के नाम भी करता हूँ जिनके इश्क़ ने मुझे शायरों से इश्क़ करना सिखलाया, जो मुझसे अक्सर पूछती हैं—

मैं तुम्हीं से पूछती हूँ
मुझे तुमसे प्यार क्यूँ है
कभी तुम दग़ा न दोगे
मुझे ऐतबार क्यूँ है...

और जो इसी शायर का लिखा गीत है। वर्ष 2006, जाँ निसार की 30वीं पुण्यतिथि का वर्ष है। ऐसे में मेरी यह कोशिश आपको कितना भाती है यह तो आप तब बता पाएँगे जब शायरों को इज़्ज़त बख़्शने वाला राजकमल प्रकाशन का तोहफ़ा 'निगाहों के साये' आपके हाथों में पहुँचेगा। आपके क़ीमती सुझावों का मैं इन्तज़ार करूँगा पाठको!

होली
वर्ष 2006

—विजय अकेला

शिकायत

[1948]

दूर कोई रात भर गाता रहा
तेरा मिलना मुझको याद आता रहा
इस तरह कुछ उसने छेड़ा दिल का साज़
देर तक हर तार थर्राता रहा
हुस्न पर तासीर-ए-ग़म होती रही
इक शगुफ़्ता फूल कुम्हलाता रहा
हम भी ज़ब्त-ए-दर्द-ओ-ग़म करते रहे
वो भी अपने दिल को समझाता रहा
हम न आए फिर चमन में लौट कर
मौसम-ए-गुल बार-बार आता रहा

अनारकली

[1953]

वफ़ा की लाज रह जाए जीया जाए तेरे आने से
महब्बत की न हो जाए नज़र नीची ज़माने से

आ जान-ए-वफ़ा आ
कहते हैं किसे प्यार ज़माने को दिखा दे
दुनिया की नज़र इश्क़ के क़दमों पे झुका दे

आजा ये मेरा नाज़ उठाना ही पड़ेगा
जब प्यार किया है तो निभाना ही पड़ेगा
आ दिल के लिए जान की बाज़ी भी लगा दे
आ जान-ए-वफ़ा आ...

आ प्यार के तूफ़ान में लहरा के चला आ
हर क़ैद को हर रस्म को ठुकरा के चला आ
आशिक़ है तो हर चीज़ मुहब्बत पे लुटा दे
आ जान-ए-वफ़ा आ...

दीवाना मुहब्बत का कहीं डर के रुका है
दरबार में शाहों के कहीं इश्क़ झुका है
ख़ुद इश्क़ के दरबार में शाहों को झुका दे
आ जान-ए-वफ़ा आ...

डंका

[1954]

ये सितारे ये चाँद ये रातें जवाँ
बता क्या करूँ तू कहाँ मैं कहाँ
ये सितारे ये चाँद...

भीगी रातें ये तारों भरा आसमाँ
आ जा वरना गुज़र जाएगा ये समाँ
तेरे बिन सूने-सूने हैं दोनों जहाँ
बता क्या करूँ तू कहाँ मैं कहाँ
ये सितारे ये चाँद...

कब से आँखें हैं बेख़्वाब तेरे लिए
हर तमन्ना हैं बेताब तेरे लिए
मैं हूँ और ग़म की ख़ामोश तनहाइयाँ
बता क्या करूँ तू कहाँ मैं कहाँ
ये सितारे ये चाँद...

छुप न जाए उम्मीदों का दामन कहीं
लुट न जाए तमन्ना का गुलशन कहीं
रह न जाए अधूरी मेरी दास्ताँ

बता क्या करूँ तू कहाँ मैं कहाँ
ये सितारे ये चाँद...

**

नज़रें मिला के वो हमें
तड़पा के चल दिए
अय दिल वो तेरे प्यार को ठुकरा के चल दिए

इतना तो सोचते कि
हमें तुमसे प्यार है
दिल क्या है ज़िन्दगी
पे तुम्हें इख़्तयार है
अच्छा ये ज़िन्दगी पे

सितम ढाके चल दिए
अय दिल वो तेरे प्यार को ठुकरा के चल दिए

धूप छाँव

[1954]

झुक के ज़मीं चूम रहा आसमाँ
आज गले मिल रहे दोनों जहाँ
फिर क्यूँ न मिलें क्यूँ ना हम साजना

देखो सजन कैसी हर शै पे ख़ुशी छाई है
बात मुहब्बत की बन आई है
आज मिलें दो दिल मिलने की घड़ी आई है
कैसी हसीं आज की तनहाई है
झूम रहा कब से ये रंगी समाँ
चूम रही फूल का मुँह तितलियाँ
फिर क्यूँ न मिलें क्यूँ ना हम साजना

नज़रों में नज़रें हैं हाथों में तेरा हाथ है
मेरा जहाँ आज मेरे साथ है
कितनी जवाँ कैसी रंगीन मुलाकात है
साथ में अरमानों की बारात है
कहती हुईं प्यार भरी दासताँ
बह रहीं सागर की तरफ़ नद्दियाँ
फिर क्यूँ न मिलें क्यूँ ना हम साजना

**

अब दिन डूब गयो राजा पहाड़न में

भीगी-भीगी पलकन अँखियाँ बरस रहीं
काले-काले रतियन नागन-सी डस रहीं
काली-काली
हाय राम
छायो अँधियारा मोरे जीवन में
अब दिन डूब गयो राजा पहाड़न में

नन्हे-नन्हे तारे दीपक-से जल रहे
सूने-सूने मन में अरमाँ मचल रहे
हाय राम
लागी है आग मोरे तन-मन में
अब दिन डूब गयो राजा पहाड़न में

पिया तोरे कारण हर दुख उठाए रही
गहरी-गहरी बदरिया मनवा पे छाई रही
हाय राम
चन्दा न चमका मोरे आँगन में
अब दिन डूब गयो राजा पहाड़न में

**

अजीब रंग है
अजीब ढंग है
तुम्हारे प्यार से
हमारा जी तो तंग है

न कोई रंग है
न कोई ढंग है
तुम्हारे इश्क़ में
हमारी अक्ल बन्द है

चलो बहुत हमको बना चुके
चलो बहुत हमको सता चुके
हमें न चाहिए तुम्हारा दिल तुम्हारा दिल
हज़ार बार तो जता चुके जता चुके
मगर जनाब पर
हो किस तरह असर
अजी दमाग़ में
लगा हुआ तो ज़ंग है
अजीब रंग है
अजीब ढंग है...

कहो तो दर पर हम पड़े रहें
कहो तो सर के बल खड़े रहें
निकल भी जाए दम नहीं है ग़म नहीं है ग़म
हम अपनी बात पर अड़े रहें अड़े रहें
तुम्हें ख़बर है क्या
है इश्क़ क्या बला
छिड़ी हुई यहाँ
दिल-ओ-जिगर में जंग है

मिला के दिल तुम तो बदल गए
तुम्हारे ग़म में हम पिघल गए
तुम्हारे प्यार का यक़ीन क्या
जहाँ नज़र मिली फिसल गए फिसल गए

कभी यहाँ हो तुम
कभी वहाँ हो तुम
तुम्हारा दिल नहीं
कटी हुई पतंग है
अजीब रंग है...

मधुर मिलन

[1955]

ठुकरा के हमें यूँ न जा
यूँ न जा
ठुकरा के हमें...

दिल तोड़ मत जा
मुँह मोड़ मत जा
हमको तड़पा के यूँ
यूँ छोड़ मत जा
वो बेवफ़ा वो बेवफ़ा
ठुकरा के हमें यूँ न जा
यूँ ना जा
ठुकरा के हमें...

ढूँढ़ा था हमने
तेरा सहारा
तू भी न निकला
लेकिन हमारा
किससे करें हम गिला
ठुकरा के हमें यूँ न जा
ठुकरा के हमें...

बाप रे बाप

[1955]

अब ये बता जाएँ कहाँ
क़िस्मत के ठुकराए हुए
ग़म से घबराए हुए
जीने से उकताए हुए
अब ये बता...

रास्ता अनजान मंज़िल का पता कुछ भी नहीं
अपनी राहों में अँधेरे के सिवा कुछ भी नहीं
ग़म के हैं घनघोर बादल दूर तक छाए हुए
अब ये बता...

अपने अरमानों का लुटता कारवाँ देखा किए
आशियाँ जलता रहा हम बेज़ुबाँ देखा किए
चन्द आँसू रह गए पलकों पे थर्राए हुए
अब ये बता...

क्या यही दुनिया है अय दुनिया के रखवाले बता
क्या यही इंसाफ़ है अय आसमाँ वाले बता
जी रहे हैं सैकड़ों जीने से शरमाए हुए
अब ये बता...

**

मैं भी जवाँ
दिल भी जवाँ
कैसी सुहानी रात है
तुम पास होकर
दूर हो ये
कितने सितम की बात है

मैं इश्क़ का अफ़साना हूँ
तुम शम्मा मैं परवाना हूँ
जलना जलाना छोड़ दो छोड़ दो
अब उम्र भर का साथ है

तुम मेरी सुब्ह-ओ-शाम हो
हर दर्द का आराम हो
फिर मेरे दिल से दूर क्यूँ दूर हो
साजन तुम्हारा हाथ है

अब मुस्कराओ तो ज़रा
बिजली गिराओ तो ज़रा
नज़रें मिलाओ जानेमन जानेमन
ऐसी भली क्या बात है

**

पिया पिया पिया मेरा जिया पुकारे
हम भी चलेंगे सैंया संग तुम्हारे
चोरी चोरी चोरी काहे हमें पुकारे
तुम तो बसी हो गोरी मन में हमारे
पिया पिया पिया...

ये छिप-छिप हमसे चले हो कहाँ सइयाँ
मैं लागूँ तोरे पइयाँ न छोड़ मोरी बइयाँ
ये छब मतवारी ये मुख गोरा-गोरा

न देखो-देखो ऐसे कि जिया डोले मोरा
भोले-भोले नैना मेरे जाने क्या इशारे
पिया पिया पिया...

मैं पिया तोरी छाया मैं संग-संग डोलूँ
तू जाए जहाँ सैंया मैं साथ तेरे होलूँ
ये रुत मनभाती ये दिन मदमाते
ओ देखो गोरी हम तुम चले हैं हँसते गाते
मेरे पिया झूमे जिया झूमें ये नज़ारे
तुम तो बसी हो गोरी मन में हमारे
पिया पिया पिया...

**

फूल से गालों पे
मस्त वारी चालों पे
मैं हूँ फ़िदा
ओ दिलरुबा
दिन हैं रसीले
रंग-रंगीले
नैन नशीले
फूल से गालों पे...

बहार आई चमन में कली-कली के लिए
हज़ार फूल खिले हैं तेरी ख़ुशी के लिए
ये तेरा प्यार ये तेरी हँसी ये तेरी नज़र
बड़े हसीन बहाने हैं ज़िन्दगी के लिए
दिन हैं रसीले
रंग-रंगीले
नैन नशीले
फूल से गालों पे...

गया क़रार दिल-ए-बेक़रार के दिन हैं
अरे यही तो मुहब्बत के प्यार के दिन हैं
तुझे सजाऊँ सँवारूँ मेरे क़रीब तो आ
ये तेरे रूप ये तेरे सिंगार के दिन हैं
दिन हैं रसीले
रंग-रंगीले
नैन नशीले
फूल से गालों पे...

दिलों की जीत हो हाथों में अपना हाथ रहे
मेरे लबों पे तेरा नाम तेरी बात रहे
चले जवान बहारों के गीत गाते हुए
क़दम-क़दम पे मुहब्बत हमारे साथ रहे
दिन हैं रसीले
रंग-रंगीले
नैन नशीले
फूल से गालों पे...

**

रात रंगीली
चमके तारे
आ जा सजनवा
प्रेम दुआरे
रात रंगीली...

मेरे मन में आ जा इक प्यार की दुनिया बनके सजना
मेरे नैन समा जा ख़्वाब सुनहरा बनके सजना
लागे तोसे प्रीत
गाऊँ मैं गीत
मेरे मन के मीत आ जा
रात रंगीली...

निगाहों के साये

चले मस्त पवन इक नशा-सा छाए सजना सजना
मेरी अँखियन फिर भी नींद न आए सजना सजना
नहीं बीते रैन
तड़पे ये नैन
मेरा बनके चैन आ जा
रात रंगीली...

मेरा मचले जिया इक बात न मेरी माने सजना
मेरे दिल की बतियाँ हाय कोई क्या जाने सजना
गले बइयाँ डार
मन दूँगी हार
मेरा तू सिंगार आ जा
रात रंगीली...

**

कहे दिल ये दीवाना
मेरा दर्द न जाना
बैरी बालमा
देख लिया तेरा प्यार रे...

मुझसे झूठा प्यार जता के
मन में मेरे आग लगा के
किसके मन में बस गए जाके
किया मुझसे बहाना
मेरा दर्द न जाना
बैरी बालमा
देख लिया तेरा प्यार रे...

मुझसे लगे अब आँख चुराने
टूट गए सब सपने सुहाने
छीन लिए जीने के बहाने

काहे इतना सताना
मेरा दर्द न जाना
बैरी बालमा
देख लिया तेरा प्यार रे...

प्यार में कैसी चोट ये खाई
कोई न जाने पीर पराई
राम दुहाई राम दुहाई
लुटा दिल का ख़ज़ाना
मेरा दर्द न जाना
बैरी बालमा
देख लिया तेरा प्यार रे...

**

तुम न आए घटा ग़म की छाने लगी
रूठ कर चाँदनी रात जाने लगी
तुम न आए...

रात जागी तो आँसू बरसने लगे
हम तुम्हें देखने को तरसने लगे
और ठंडी हवा दिल जलाने लगी
तुम न आए...

आरज़ुओं के झूठे सहारे लिए
एक हम जागते हैं तुम्हारे लिए
चाँद-तारों को भी नींद आने लगी
रूठ कर चाँदनी रात जाने लगी
तुम न आए...

अब नज़र क्या मिलाएँ नज़ारों से हम
क्या कहें हाय जाती बहारों से हम
हर खुशी हमसे आँखें चुराने लगी

रूठ कर चाँदनी रात जाने लगी
तुम न आए...

**

फूट आपस में पड़ी और हम कुँवारे रह गए
सब बराती चल दिए दुल्हा बेचारे रह गए
दाल कैसे गले जबके जूता चले
ऐसी शादी से हम तो कुँवारे भले
दाल कैसे गले...

हर जगह से नमूने मँगाए गए
साथ घोड़े गधे सब बुलाए गए
ऐसी शक्लें जिन्हें देखकर दिल जले
ऐसी शादी से हम तो कुँवारे भले
दाल कैसे गले...

धींगा मुश्ती हुई खूब झगड़े हुए
आधे लूले हुए आधे लँगड़े हुए
यूँ चले जैसे रस्सी पे तोता चले
ऐसी शादी से हम तो कुँवारे भले
दाल कैसे गले...

ऐसे घूँसे लगे ऐसे डंडे पड़े
सारे अरमान शादी के ठंडे पड़े
बाप दौलत लुटा हाथ बैठा चले
ऐसी शादी से हम तो कुँवारे भले
दाल कैसे गले...

**

दीवाना दिल गाए
अब मुझसे रहा न जाए

ये वक़्त प्यार का
दिन बहार का
जाके फिर न आए
दीवाना दिल गाए...

मिट जाएगा झगड़ा सारा
होंगे हम तुम नौ दो ग्यारा
यहाँ से बिस्तर गोल करेंगे
हम पूरे बारह
मैंने कल की रेल के
बॉम्बे मेल के
टिकट भी कटवाए
दीवाना दिल गाए...

मैं रोमियो का भेस बनाके
चौकीदार से आँख बचाके
जूलियट मैं तुझे पुकारूँ
आँगन में आके
तुम अपने रूम से
झूम-झूम के
गैलरी में आए
दीवाना दिल गाए...

तेरा पीछा कभी न छोड़ूँ
प्यार से हरगिज़ मुँह ना मोड़ूँ
डरती हूँ क़ानून से वरना
सब रस्में तोड़ूँ
है ख़ौफ़ जेल का
खेल मेल का
ख़त्म न हो जाए
दीवाना दिल गाए...

**

जाने भी दो छोड़ ये बहाना
तेरे लिए जिया है दीवाना
रुत है जवाँ प्यार कर
यही तो है प्यार का ज़माना
जाने भी दे...

आँख उठा रात हसीं है
देख मुझे होश नहीं है
दिल न दुखा
जिया न जला
यूँ न सता
पास तो आ
जाने भी दे...

देख मेरे नाज़ उठा ले
तेरी अदा मार न डाले
दिल न दुखा
जिया न जला
यूँ न सता
पास तो आ
जाने भी दे...

आज तेरा साथ मिला है
सारा जहाँ झूम उठा है
लब पे हँसी
छाई है ख़ुशी
मैं हूँ वही
तू है वही
जाने भी दे...

**

तू न बता
हमें सब है पता
दिल में है क्या
तेरे दिल में है क्या
तू न बता...

तेरा जिया चाहे
हो गोरी-गोरी रातें
चोरी-चोरी हमसे
हों तेरी मुलाक़ातें
मेरे तेरे लब पे हों
मीठी-मीठी बातें
तू न बता...

मेरा जिया चाहे
हों बादल हल्के-हल्के
झूमें नाचें गाएँ
हम दूर कहीं चलके
देखे हमें न दुनिया
रह जाए जी में जलके
तू न बता...

तेरा जिया चाहे
हम डाली-डाली झूलें
चूमें दिल की कलियाँ
हम हँसके तारे छूलें
छाए नशा ऐसा
हम होश भी दिल का भूलें
तू न बता...

यास्मीन

[1955]

मुझपे इल्ज़ाम-ए-बेवफ़ाई है
अय मुहब्बत तेरी दुहाई है...

उसने ठानी है ज़ुल्म ढाने की
मुझमें हिम्मत है ग़म उठाने की
ख़ुश हो अय दिल तुझे मिटाने की
आज उसने क़सम तो खाई है
अय मुहब्बत तेरी दुहाई है...

तू हुआ दिल से कब जुदा कह दे
मुझसे क्यों हो गया ख़फ़ा कह दे
तू ही इंसाफ़ से ज़रा कह दे
किसने शर्त-ए-वफ़ा भुलाई है
अय मुहब्बत तेरी दुहाई है...

**

हँस-हँस के हसीनों से
नज़र चार किए जा
जो भी करे प्यार

उसे प्यार किए जा
हँस-हँस के...

ये ज़ुल्म ये अबरू
ये लचकती हुई बाँहें
बिजली-सी गिराती हुई
ख़ामोश निगाहें
है ताक़त-ए-दीदार
तो दीदार किए जा
हँस-हँस के...

लाज़िम है मुहब्बत में
लगावट भी अदा भी
उल्फ़त में मिले कुछ तो
तड़पने का मज़ा भी
इक़रार किए जा कभी
इनकार किए जा
हँस-हँस के...

हर एक अदा हुस्न की
आँखों में बसा ले
सीने में ज़रा इश्क़ का
तूफ़ान जगा ले
सोई हुई तक़दीर
को बेदार किए जा
हँस-हँस के...

**

आ जा आ जा आ जा मेरे साक़ी
हसरत है दिल में बाक़ी
उल्फ़त का जाम पिला जा

जीने का ढंग बता जा
आ जा आ जा...

ये किसने पुकारा है मुझे किसने पुकारा
है कौन तलबगार मेरा कौन है प्यारा
भर-भर के जाम पिला दे
साक़ी बना दे मतवाला
तू ला ला ला
बस बना दे मतवाला...

शराब-ए-हुस्न नज़र से पिलाने आई हूँ
मैं एक-एक को बेख़ुद बनाने आई हूँ
अदा से नाज़ से अबरू के इक इशारे से
दिलों में इश्क़ का जादू जगाने आई हूँ
भर-भर के जाम पिला दे
साक़ी बना दे मतवाला
तू ला ला ला
बस बना दे मतवाला...

नज़र मिलाओ कि दिल को क़रार आ जाए
हर इक अदा पे मेरी तुमको प्यार आ जाए
उठाओ जाम कि जन्नत से कम नहीं दुनिया
पियो-पियो कि तुम्हें एतबार आ जाए
भर-भर के जाम पिला दे
साक़ी बना दे मतवाला
तू ला ला ला
बस बना दे मतवाला...

वो मुस्करा के निगाहें मिलाए जाते हैं
सुरूर बन के मेरे दिल पे छाए जाते हैं
मिली है आज जो उनकी नज़र से मेरी नज़र
तो हाय मेरे क़दम डगमगाए जाते हैं

भर-भर के जाम पिला दे
साक़ी बना दे मतवाला
तू ला ला ला
बस बना दे मतवाला...

**

दिल उनको ढूँढ़ता है
हम दिल को ढूँढ़ते हैं
भटके हुए मुसाफ़िर
मंज़िल को ढूँढ़ते हैं
दिल उनको ढूँढ़ता है...

हम हैं तेरी लगन है
अय शम्मा तू कहाँ है
परवाना बन के तेरी
महफ़िल को ढूँढ़ते हैं
दिल उनको ढूँढ़ता है...

दुनिया से है निराला
दस्तूर आशिक़ों का
जीने की आरज़ू में
क़ातिल को ढूँढ़ते हैं
दिल उनको ढूँढ़ता है...

सीने में हसरतों का
जागा हुआ है तूफ़ाँ
हम मौज बनके अपने
साहिल को ढूँढ़ते हैं
दिल उनको ढूँढ़ता है...

**

आँखों में समा जाओ
इस दिल में रहा करना
तारों में हँसा करना
फूलों में खिला करना
आँखों में...

जब से तुम्हें देखा है
जब से तुम्हें पाया है
कुछ होश नहीं मुझको
इक नशा-सा छाया है
अब बात जो करनी हो
नज़रों से अदा करना
आँखों में...

अय काश धड़कता दिल
कुछ देर ठहर जाए
ये रात मुहब्बत की
यूँ ही न गुज़र जाए
बाक़ी है अभी तुम पर
ये जान फ़िदा करना
आँखों में...

क़िस्मत न दिखाए अब
घड़ियाँ हमें फ़ुरक़त की
हर रात यूँ ही चमके
तक़दीर मुहब्बत की
अय चाँद सितारों तुम
मिल जुल के दुआ करना
आँखों में...

**

अब वो रातें कहाँ
अब वो बातें कहाँ
वो मेरे प्यार की
चाँदनी लुट गई
दिल लुटा दिल के
रंगीन अरमाँ लुटे
मेरी दुनिया मेरी
ज़िन्दगी लुट गई
अब वो रातें कहाँ...

मुझको अपनी ख़बर थी न दिल की ख़बर
कैसी मदहोश थी मेरी शाम-ओ-सहर
तेरे शाने पे था हर घड़ी मेरा सर
हाय कितनी हसीं बेख़ुदी लुट गई
अब वो रातें कहाँ...

फूल मुरझा गए चाँद गहना गया
इक अँधेरा-सा हर चीज़ पर छा गया
दूर मेरी निगाहों से तू क्या गया
मेरी आँखों की भी रोशनी लुट गई
अब वो रातें कहाँ...

**

तुम अपनी याद भी दिल से भुला जाते तो अच्छा था
ये दो आँसू लगी दिल की बुझा जाते तो अच्छा था
तुम अपनी याद...

मेरे अरमाँ भी ले जाते
मेरी हसरत भी ले जाते
नज़र से छीन कर अपनी
हसीं सूरत भी ले जाते

अँधेरे और इन आँखों में छा जाते तो अच्छा था
तुम अपनी याद...

मेरे दिल की मुहब्बत का
यकीं कब तुमको आया था
जहाँ सौ ज़ुल्म ढाए थे
जहाँ दिल को मिटाया था
मुझे भी अपने हाथों से मिटा जाते तो अच्छा था
तुम अपनी याद...

मेरा दिल फेर के मेरी
निशानी फेरने वाले
जो मुमकिन हो तो लौटा दो
मेरी आहें मेरे नाले
हम अपने दिल का खोया चैन पा जाते तो अच्छा था
तुम अपनी याद...

**

मुहब्बत में पहला क़दम रखने वालो
क़दम जो उठाना सँभल कर उठाना
ये रस्ता कठिन है ये मंज़िल है भारी
किसी की तरह तुम भी ठोकर न खाना
मुहब्बत में पहला क़दम रखने वालो...

है उल्फ़त में बर्बादियों के सिवा क्या
मुहब्बत में सब कुछ लुटा कर मिला क्या
कहीं दिल की बातों में तुम भी न आना
क़दम जो उठाना सँभल कर उठाना
मुहब्बत में पहला क़दम रखने वालो...

वफ़ा की पशेमानियाँ कुछ न पूछो
मेरे दिल की नादानियाँ कुछ न पूछो
कभी अपने क़ातिल को क़ातिल न जाना
क़दम जो उठाना सँभल कर उठाना
मुहब्बत में पहला क़दम रखने वालो...

**

बेचैन नज़र
बेताब जिगर
ये दिल है किसी का दीवाना हाय दीवाना
कब शाम हो और
वो शम्मा जले
कब उड़कर पहुँचे परवाना हाय परवाना
बेचैन नज़र...

है दिल का चमन खिलने के लिए
आएगा कोई मिलने के लिए
फूलों से कहो
तारों से कहो
चुप्के से सजा दें वीराना हाय वीराना
बेचैन नज़र...

जब रात ज़रा शबनम से धुले
लहराई हुई वो जुल्फ़ खुले
नज़रों से नज़र
एक भेद कहे
दिल-दिल से कहे एक अफ़साना हाय अफ़साना
बेचैन नज़र...

रंगीन फ़िज़ा छाए तो ज़रा
वादे पे कोई आए तो ज़रा

निगाहों के साये

अय जोश-ए-वफ़ा
दिल चीज़ है क्या
हम जान भी दे दें नज़राना हाय नज़राना
बेचैन नज़र...

हसीना

[1956]

ना मिटा ना मिटा
बेवफ़ा ना मिटा
ना मिटा ना मिटा...

क़सम बेताब अहकों की
क़सम ख़ामोश आहों की
क़सम इस डूबते दिल की
क़सम ग़मगीं निगाहों की

क़सम है तुझको इन तरसी
हुई वीरान बाँहों की
ना सता ना सता
बेवफ़ा ना सता
ना मिटा ना मिटा...

कभी तूने मेरे दिल दी
हसीं दुनिया सजाई थी
मुहब्बत जाग उठी थी
तमन्ना मुस्कराई थी
सदर उल्फ़त निभा लेंगे

क़सम दोनों ने खाई थी
ना भुला ना भुला
बेवफ़ा ना भुला
ना मिटा ना मिटा...

**

आज की रात तो फूलों में बसा दूँ आजा
चाँद-तारे तेरे क़दमों पे लुटा दूँ आजा
फूल क्या चीज़ है ये चाँद-सितारे क्या हैं
अपनी आँखें तेरी राहों में बिछा दूँ आजा

सुहानी है रात सजन ऐसे में अइयो
सुहानी है रात सजन ऐसे में अइयो
सुहानी है रात सजन ऐसे में अइयो

चंचल जियरा रह-रह मचले
मोरी माने न बात सजन ऐसे में अइयो
सुहानी है रात सजन ऐसे में अइयो

नाजुक बइयाँ खुल-खुल जाएँ
मोरे फैले हैं हाथ सजन ऐसे में अइयो
सुहानी है रात सजन ऐसे में अइयो

नटखट मनवा रास रचाए
बड़ी सजधज के साथ सजन ऐसे में अइयो
सुहानी है रात सजन ऐसे में अइयो

**

अय जज़्ब-ए-इश्क़ तेरा कब एतबार आए
वो आए और मुझ तक दीवाना वार आए

आहों को हमने दिल की तासीर सौंप दी है
देखें तो आज कैसे उनको क़रार आए
वो आए और मुझ तक दीवाना वार आए

क्या दूर आसमाँ से तारे भी टूट आएँ
होंठों पे जब मचलकर दिल की पुकार आए
वो आए और मुझ तक दीवाना वार आए

अय नाला-ए-मुहब्बत अपना असर दिखा दे
वो आज दिल को थामे बेइख़्तियार आए
वो आए और मुझ तक दीवाना वार आए

ढाके की मलमल

[1956]

मोरे मन में उठे है प्यार
बलम नहीं जाने हो राम
सजन नहीं जाने हो राम
मैं तो बैठी सब कुछ हार
बलम नहीं जाने हो राम
सजन नहीं जाने हो राम...

दिल में कितने अरमाँ मचले
हाय कोई क्या जाने
किसको दिल की हाय परख है
कौन नज़र पहचाने
कासे कहूँ ये बात कि धड़के
मोरा जिया हर बार
बलम नहीं जाने हो राम
सजन नहीं जाने हो राम
मोरे मन में उठे है प्यार
बलम नहीं जाने हो राम
सजन नहीं जाने हो राम...

उसको दिल हर बार पुकारे
नैन हैं जिस संग लागे
मीठी-मीठी आग-सी भड़के
दर्द सुहाना जागे
कासे कहूँ ये बात की धड़के
मोरा जिया हर बार
बलम नहीं जाने हो राम
सजन नहीं जाने हो राम
मोरे मन में उठे है प्यार
बलम नहीं जाने हो राम
सजन नहीं जाने हो राम...

**

अब तो तुम संग नैना लागे
देखें क्या हो आगे-आगे
हो मोरे राजा जी
हो मोरे रसिया जी
अब तो तुम संग नैना लागे...

दिल ने नाता प्यार का जोड़ा
तेरे लिए मैंने सब कुछ छोड़ा
बैठ रही मैं तो
आएँगे रसिया
हो मोरे राजा जी
हो मोरे रसिया जी
अब तो तुम संग नैना लागे...

चाहूँ मैं तो साथ तुम्हारा
तुम्हीं तो हो मेरे दिल का सहारा
बैठ रही मैं तो
आएँगे रसिया

हो मोरे राजा जी
हो मोरे रसिया जी
अब तो तुम संग नैना लागे...

**

जादूगर साँवरिया
कैसी तान सुनाई तूने
मैं तो हो गई बावरिया
जादूगर साँवरिया...

लाख मनाऊँ दिल नहीं माने
दिल नहीं माने मोरा जिया नाहीं माने
प्यार करो जी
नैना चार करो जी
प्यार करो इक़रार करो
अब छोड़ो ये तकरार
जादूगर साँवरिया...

मैं तेरी सजनी तू मोरा सैंया
तू मोरा सैंया राजा तू मोरा सैंया
जी न जलाना
ओ हमसे रूठ न जाना
जी ना जलाना प्रीत निभाना
हो मेरे दिलदार
जादूगर साँवरिया...

सीआईडी

[1956]

आँखों ही आँखों में इशारा हो गया
बैठे-बैठे जीने का सहारा हो गया
आँखों ही आँखों में...

गाते हो गीत क्यूँ दिल पे क्यूँ हाथ है
खोये हो किसलिए ऐसी क्या बात है
ये हाल कब से तुम्हारा हो गया
आँखों ही आँखों में...

चलते हो झूम के बदली है चाल भी
नैनों में रंज है बिखरे हैं बाल भी
किस दिलरुबा का नज़ारा हो गया
आँखों ही आँखों में...

अब ना वो ज़ोर है अब ना वो शोर है
हमको है सब पता दिल में जो चोर है
ये चोर कैसे गवारा हो गया
आँखों ही आँखों में...

कैसा ये प्यार है कैसा ये नाज़ है
हम भी तो कुछ सुनें हमसे क्या राज़ है
अच्छा तो ये दिल हमारा हो गया
आँखों ही आँखों में...

नया अन्दाज़

[1956]

मेरी नींदों में तुम
मेरे ख़्वाबों में तुम
हो चुके हम तुम्हारी
मुहब्बत में गुम
मन की वीणा की धुन
तू बलम आज सुन
मेरी नज़रों ने तुझको
लिया आज चुन
मेरी नींदों में तुम...

मेरे दिल की लगी तू मेरी ज़िन्दगी तू
मेरी हर नज़र है तेरी दास्ताँ
मेरे दिल की बहारें तुम्हीं को पुकारें
तुम्हीं से है आबाद मेरा जहाँ
तू मेरा नाज़ है
मेरा अन्दाज़ है
दिल की आवाज़ है
मेरी नींदों में तुम...

दिल पे छाई ख़ुशी है लबों पर हँसी है
खिली है तेरे प्यार की चाँदनी
झूमती हैं निगाहें नशा छा रहा है
कि दिल गा रहा है तेरी रागिनी
हौले-हौले सजन
मेरा कहता है मन
अब तो लागी लगन
मेरी नींदों में तुम...

तुम मेरे हो गए हो तो ये चाँद तारे
ये सारे नज़ारे मेरे हो गए
दिल हुआ है दीवाना समाँ है सुहाना
कहें क्या तेरे प्यार में खो गए
रात गाने लगी
गुनगुनाने लगी
नींद छाने लगी
मेरी नींदों में तुम...

**

हवा पिछले पहर जब दूर शहनाई बजाती है
मुझे इक बार फिर अपनी मुहब्बत याद आती है

चमकता एक तारा चाँद के पहलू में चलता है
मेरा सोया हुआ दिल एक करवट ही बदलता है
मुझे इक बार फिर अपनी मुहब्बत याद आती है

मिलाकर मुँह से मुँह साहिल से जब मौजें गुज़रती हैं
मेरे सीने में मुद्दत की दबी चोटें उभरती हैं
मुझे इक बार फिर अपनी मुहब्बत याद आती है

धड़कते दिल में फिरते प्यार के अरमान उठते हैं
चले आओ कि दिल में सैकड़ों तूफ़ान उठते हैं
मुझे इक बार फिर अपनी मुहब्बत याद आती है।

**

तुम्हीं से प्यार तुम्हीं से क़रार मिलता है
ये बात सच है कि दिल एक बार मिलता है
तुम्हीं हो राज़ मेरा
तुम्हीं पे नाज़ मेरा
अरे मैं तुम पे फ़िदा
नज़र मिलाओ ज़रा
तुम्हारी आँख से दिल को ख़ुमार मिलता है
ये बात सच है कि दिल एक बार मिलता है

वो ग़म की रात गई
सितम की बात गई
मिले जो तुम तो मिली
वो मेरे दिल को ख़ुशी
कि जैसे कोई गले बार-बार मिलता है
ये बात सच है कि दिल एक बार मिलता है

वफ़ा का अपनी सिला
हमें तो आज मिला
है अब मज़ा ही मज़ा
रहा न कोई गिला
है ख़ुश नसीब जिसे दिल का प्यार मिलता है
ये बात सच है कि दिल एक बार मिलता है

**

महफ़िल में आज तेरी दीवाने आ गए हैं
लेकर दिल-ओ-जिगर के नज़राने आ गए हैं
महफ़िल में आज...

मारा है तीर तूने दिल के क़रीब आकर
घायल बना दिया है हमको नज़र मिलाकर
हम भी तुझे तड़पकर तड़पाने आ गए हैं
महफ़िल में आज...

आँखें चुराने वाले तुझको पता नहीं है
बिन प्यार ज़िन्दगी का कोई मज़ा नहीं है
इतनी-सी बात तुझको समझाने आ गए हैं
महफ़िल में आज...

**

ये रात आशिक़ाना
छाया समाँ सुहाना
नज़रें मिलाने वाले
दिल भी ज़रा मिलाना
ज़ुल्फ़ें हसीं घटाएँ
आँखें शराबख़ाना
तुझसे नज़र मिली क्या
दिल हो गया दीवाना
ये रात आशिक़ाना...

तेरे लिए है आ जा
पलकों के ये इशारे
होंठों की मस्त कलियाँ
आँखों के शोख़ तारे
छाया हुआ नशा है

अपनी किसे ख़बर है
क्या जाने मैं कहाँ हूँ
क्या जाने दिल किधर है
कुछ कह रहा है तुझसे
ये दिलरुबा ज़माना
नज़रें मिलाने वाले
दिल भी ज़रा मिलाना
ज़ुल्फ़ें हसीं घटाएँ
आँखें शराबख़ाना
तुझसे नज़र मिली क्या
दिल हो गया दीवाना
ये रात आशिक़ाना...

बहके हुए क़दम हैं
बहकी हुई फ़िज़ा है
दिल का हरेक अरमाँ
तुझको पुकारता है
दिल में तुझे बिठा लें
आँखों में आ छुपा लें
ये दूर के इशारे
हमको न मार डालें
कुछ मैं क़रीब आऊँ
कुछ तुम क़रीब आना
नज़रें मिलाने वाले
दिल भी ज़रा मिलाना
ज़ुल्फ़ें हसीं घटाएँ
आँखें शराबख़ाना
तुझसे नज़र मिली क्या
दिल हो गया दीवाना
ये रात आशिक़ाना...

**

आज सुहानी रात रे आ हा आ हा
होगी सजन से बात रे आ हा आ हा
तू आ जा रे
कि दिल है बेक़रार
कि डोले रे
मन में तेरा प्यार
आज सुहानी रात रे आ हा आ हा...

हम तो हैं मुसाफ़िर अनजाने दिल किसको पुकारे हाय तेरा
मैं तुझको बुलाऊँ आ जा रे दिल तेरे बिना घबराए मेरा
रुक ज़रा अजी रुक ज़रा रुक ज़रा सजना
तू आ जा रे
कि दिल है बेक़रार
कि डोले रे
मन में तेरा प्यार
आज सुहानी रात रे आ हा आ हा...

फिरते हैं भटकते राहों में तू दर्द हमारा क्या जाने
मत रोक तेरा मन भर दूँगी आ पास तो आ ओ दीवाने
रुक ज़रा अजी रुक ज़रा ज़रा रुक ज़रा सजना
तू आ जा रे
कि दिल है बेक़रार
कि डोले रे
मन में तेरा प्यार
आज सुहानी रात रे आ हा आ हा...

**

अपना तो ज़माने में बस इतना फ़साना है
कुछ हम भी दीवाने हैं कुछ दिल भी दीवाना है

हमसे तो कोई पूछे वो मस्त नज़र क्या है
जीने का सहारा है मरने का बहाना है
कुछ हम भी दीवाने हैं कुछ दिल भी दीवाना है

ये राज़ है उल्फ़त का दुनिया इसे क्या जाने
नज़रों का चुराना ही नज़रों का मिलाना है
कुछ हम भी दीवाने हैं कुछ दिल भी दीवाना है

इन शोख़ हसीनों पर हम और लुटाएँ क्या
कुछ पास नहीं अपने इक दिल का ख़ज़ाना है
कुछ हम भी दीवाने हैं कुछ दिल भी दीवाना है

मंज़िल है कहाँ अय दिल हम इश्क़ के मारों की
हम जाके जहाँ बैठें वो अपना ठिकाना है
कुछ हम भी दीवाने हैं कुछ दिल भी दीवाना है

**

रात रंगीली गाए रे
मोसे रहा न जाए रे
मैं का करूँ
कासे कहूँ
मेरे साजना
रात रंगीली गाए रे...

मेरी अँखियन डोले
प्यार देख मेरे साजना
मेरे दिल को आए
चैन हाय पिया आज ना
मैं का करूँ
कासे कहूँ

मेरे साजना
रात रंगीली गाए रे...

लगे मीठी-मीठी आग
आज मेरा दिल जले
तुझे लाऊँ कहाँ से
बोल हाय नहीं बस चले
मैं का करूँ
कासे कहूँ
मेरे साजना
रात रंगीली गाए रे...

तेरा दिल क्यूँ धड़के
बार-बार मुझे क्या पता
मेरे मन की जाने
कौन बात तू ही बता
मैं का करूँ
कासे कहूँ
मेरे साजना
रात रंगीली गाए रे...

छू मन्तर

[1956]

ग़रीब जान के हमको न तुम मिटा देना
तुम्हीं ने दर्द दिया है तुम्हीं दवा देना
ग़रीब जान के...

लगी है चोट कलेजे पे उम्र भर के लिए
तड़प रहे हैं मुहब्बत में इक नज़र के लिए
नज़र मिला के मुहब्बत से मुस्करा देना
तुम्हीं ने दर्द दिया है तुम्हीं दवा देना
ग़रीब जान के...

जहाँ में और हमारा कहाँ ठिकाना है
तुम्हारे दर से कहाँ उठके हमको जाना है
जो हो सके तो मुक़द्दर मेरा जगा देना
तुम्हीं ने दर्द दिया है तुम्हीं दवा देना
ग़रीब जान के...

मिला क़रार न दिल को किसी बहाने से
तुम्हारी आस लगाए हैं इक ज़माने से
कभी तो अपनी मुहब्बत का आसरा देना

तुम्हीं ने दर्द दिया है तुम्हीं दवा देना
ग़रीब जान के...

नज़र तुम्हारी मेरे दिल की बात कहती है
तुम्हारी याद तो दिन-रात साथ रहती है
तुम्हारी याद को मुश्किल है अब भुला देना
तुम्हीं ने दर्द दिया है तुम्हीं दवा देना
ग़रीब जान के...

मिलेगा क्या जो ये दुनिया हमें सताएगी
तुम्हारे बिन तो हमें मौत भी न आएगी
किसी के प्यार को आसाँ नहीं मिटा देना
तुम्हीं ने दर्द दिया है तुम्हीं दवा देना
ग़रीब जान के...

**

ग़म नहीं कर मुस्करा
जीने का ले-ले मज़ा
नादान ये ज़िन्दगी
है ख़ूबसूरत बला
ग़म नहीं कर मुस्करा...

रुत ये जवाँ छाया समाँ
कितना हसीं है ये जहाँ
ठंडी फ़िज़ा भीगी हवा
से आग-सी दिल में लगा
कब से जले दिल ये मेरा
ग़म नहीं कर मुस्करा...

सब भूल जा आ प्यार में
है जीत भी इस हार में

हर दिल यहाँ मजबूर है
ये प्यार का दस्तूर है
मिलता है क्या ग़म के सिवा
ग़म नहीं कर मुस्करा...

**

रात-नशीली रंग-रंगीली मस्त-हवा
जा मेरे चन्दा उनको कहीं से ढूँढ़ के ला
रात-नशीली...

उनके लिए ये रूप सुहाना
प्यार की दौलत दिल का ख़ज़ाना
हँसना-गाना और बलखाना
ज़ुल्फ़-महकती चाल-बहकती शोख़-अदा
जा मेरे चन्दा उनको कहीं से ढूँढ़ के ला
रात नशीली...

उनसे ये कहना चैन न आए
याद तुम्हारी दिल को सताए
चंचल रैना बीती जाए
देख सजनवा प्यार का वादा भूल न जा
जा मेरे चन्दा उनको कहीं से ढूँढ़ के ला
रात नशीली...

**

आँख में सूरत तेरी
लब पे तेरा अफ़साना है
क्या तुझे भी है पता
ये दिल तेरा दीवाना है

दिल की दुनिया लूट ली
अय हुस्न क्या कहना तेरा
हर नज़र जादू भरी
हर इक अदा मस्ताना है
क्या तुझे भी है पता
ये दिल तेरा दीवाना है

ये तेरी ज़ुल्फ़ें हैं या
काली घटा छाई हुई
ये तेरी आँखें हैं या
छलका हुआ पैमाना है
क्या तुझे भी है पता
ये दिल तेरा दीवाना है

दिल से तेरी आरज़ू
तेरी लगन जाती नहीं
ओ शमा तेरी आग में
जलता तेरा परवाना है
क्या तुझे भी है पता
ये दिल तेरा दीवाना है

**

हमने जब दिल था दिया
कोई वादा था किया
हुज़ूर आपने
मुफ़्त इल्ज़ाम दिया
यूँ ही बदनाम किया
हुज़ूर आपने
हमने जब दिल था दिया...

ले के दिल तुमने कहा था कि सँभालेंगे इसे
कभी मचलेगा तो सीने से लगा लेंगे इसे
जाने क्या मैंने कहा
जाने क्या तुमने सुना
मैं करूँ प्यार भला
मुझको पागल न बना
अजी, हमने जब दिल था दिया...

अपने दिल से कभी चाहत का मज़ा पूछ तो लो
दिल ने खाई थी क़सम दिल से ज़रा पूछ तो लो
मेरा दिल कब है मेरा
वो तो जा तुझसे मिला
देख बातें न बना
मेरे जी को न जला
हमने जब दिल था दिया...

**

गोरी-गोरी रात है
तारों की बरात है
आजा होय आजा
ऐसी भी क्या बात है
गोरी-गोरी रात है...

देखो जी आई है रात बड़े अरमानों की
ऐसे में टूटे ना आस तेरे दीवानों की
आजा होय आजा
ऐसी भी क्या बात है
गोरी-गोरी रात है...

तेरे बिना कोई क्या राज़ हमारा जानेगा
बदली है सूरत भी कौन हमें पहचानेगा

आजा होय आजा
ऐसी भी क्या बात है
गोरी-गोरी रात है...

ऐसे भी वैसे भी देख ज़माना जलता है
इकड़म-तिकड़म अगड़म-बगड़म प्यार में सब कुछ चलता है
आजा होय आजा
ऐसी भी क्या बात है
गोरी-गोरी रात है...

**

मैं तो बाँके नैनों वाली
मेरी बातें हैं निराली
देखो दुनिया करे मोसे प्यार
ऐ जी छोड़ो ये फ़साना
जाए चूल्हे में ज़माना
देखो दिल है यहाँ बेक़रार
मैं तो बाँके नैनों वाली...

लाख अदाएँ लाख इशारे
जो भी देखे जान को वारे
मेरा तो आज ज़माना
नज़र ना हाय लगाना
मेरा तो आज ज़माना
मारूँगी नैन कटार
ऐ जी छोड़ो ये फ़साना
जाए चूल्हे में ज़माना
देखो दिल है यहाँ बेक़रार
मैं तो बाँके नैनों वाली...

जान बचाना अब नहीं मुमकिन
रह गए अब तो हाय दस दिन
कोई तो शक्ल बताओ
हमारी जान बचाओ
कोई तो शकल बताओ
दिल है यहाँ बेक़रार
मैं तो बाँके नैनों वाली...

बात किसी की मैं नहीं मानूँ
सबके दिल का हाल मैं जानूँ
कोई हो लाख दीवाना
चले ना एक बहाना
कोई हो लाख दीवाना
मैं तो बड़ी हुशियार
ऐ जी छोड़ो ऐ फ़साना
जाए चूल्हे में ज़माना
देखो दिल है यहाँ बेक़रार
मैं तो बाँके नैनों वाली...

**

जब बादल लहराया
जिया झूम झूम के गाया
गाया बालमा
आजा सनम
तेरी क़सम
मचलती-रात है
जब बादल लहराया...

बिखरी जुल्फ़ें चाल-मदभरी
रंग ये गोरा-गोरा
बदली में जा चाँद छुप गया

देख के मुखड़ा मोरा
मोरा बालमा
आजा सनम
तेरी क़सम
मचलती-रात है
जब बादल लहराया...

तड़पे अरमाँ दिल में हर घड़ी
दर्द हो थोड़ा-थोड़ा
मैंने अब तो तुझसे हाय रे
प्यार का नाता जोड़ा
जोड़ा बालमा
आजा सनम
तेरी क़सम
मचलती-रात है
जब बादल लहराया...

सैंया मैं तो तेरी हो गई
होश भी अपना भूला
बदली में जा चाँद छुप गया
देख के मुखड़ा मोरा
मोरा बालमा
आजा सनम
तेरी क़सम
मचलती-रात है
जब बादल लहराया...

**

आ जा रे आ जा
ना सता रे पिया
ना जला रे जिया

आ जा मैं हूँ दीवाने तेरे प्यार की
आ जा रे आ जा...

चोरी-चोरी आजा हमारे अँगना
गोरी-गोरी बइयाँ पुकारे सजना
दिन हैं बहार के
तेरे इन्तज़ार के
कहूँ मैं पुकार के
आ भी जा आ भी जा
आ जा रे आ जा...

जादूगर ने जादू डाला कैसा मतवाला
दिल की अपनी बात जाने कोई दिलवाला
दिन हैं बहार के
तेरे इन्तज़ार के
कहूँ मैं पुकार के
आ भी जा आ भी जा
आ जा रे आ जा...

पिया कहूँ कैसे कहा न जाए रे
घड़ी-घड़ी दिल पे नशा-सा छाए रे
दिन हैं बहार के
तेरे इन्तज़ार के
कहूँ मैं पुकार के
आ भी जा आ भी जा
आ जा रे आ जा...

मिस्टर लम्बू

[1956]

कितने सितम
कितने ही ग़म
भूल गए हाय
तुम्हारे लिए हम
कितने सितम...

तुमने बनाया दिल को निशाना
हमने ज़बाँ से कुछ भी कहा ना
तड़पे जो प्यार है
दिल को क़रार है
अपनी क़सम
कितने सितम...

कब से है दिल को चाह तुम्हारी
तुमने न पूछी बात हमारी
इतना ग़ुरूर क्या
दिल का क़ुसूर क्या
बोलो सनम
कितने सितम...

अब तो मिला लो हमसे निगाहें
तुम हमें चाहो हम तुम्हें चाहें
कुछ दिल की बात हो
हाथों में हाथ हो
बहकें क़दम
कितने सितम...

श्रीमती 420

[1956]

यहाँ हम वहाँ तुम
मेरा दिल हुआ है गुम
बोलो कहाँ
अजी यहाँ
यहीं हम यहीं तुम
कहीं हो न जाएँ गुम
बोलो कहाँ
अरे यहाँ
यहाँ हम वहाँ तुम...

मेरा दिल था हसीं
मेरा दिल था जवाँ
लिया किसने चुरा
गया हाय कहाँ
कहाँ दिल है तेरा
कहाँ तेरा जिगर
यहाँ खुद ही नहीं
हमें अपनी ख़बर
मत हाय करो

मेरा नाक में दम
यहाँ हम वहाँ तुम...

यहाँ देख लिया
वहाँ देख लिया
नहीं हाय कहीं
मेरे दिल का पता
चलो ठीक हुआ
टली सर से बला
अजी जान बची
करो शुक्र अदा
ऐसा न कहो
तुम्हें मेरी क़सम
यहाँ हम वहाँ तुम...

दुनिया रंग रंगीली
[1957]

वो जो चाहने वाले हैं तेरे सनम
तुझे ढूँढ़ ही लेंगे कहीं न कहीं
तेरे प्यार की हमने है खाई क़सम
तुझे ढूँढ़ ही लेंगे कहीं न कहीं...

वो ही दिल जो निशाना है तेरे लिए
कहें क्या कि दीवाना है तेरे लिए
हमें जान से प्यारे हैं तेरे सितम
तुझे ढूँढ़ ही लेंगे कहीं न कहीं...

मिले यूँ तो ज़माने में लाख हसीं
किसी एक में तेरी-सी बात नहीं
बड़ी ख़ास अदाएँ हैं तुझमें सनम
तुझे ढूँढ़ ही लेंगे कहीं न कहीं...

**

किया ये क्या तूने इशारा रे अभी-अभी
कि मेरा दिल तुझे पुकारा रे अभी-अभी
ये तेरा दिल ये मेरा दिल

गया है दिल दिल से मिल
किया ये क्या तूने इशारा रे अभी-अभी...

ज़ालिम बहारों की रातें आ गईं
हमको मुहब्बत की बातें आ गईं
ये तेरा दिल ये मेरा दिल
गया है दिल दिल से मिल
किया ये क्या तूने इशारा रे अभी-अभी...

होंठों पे गाते फ़साने आ गए
नज़रों को तीखे निशाने आ गए
ये तेरा दिल ये मेरा दिल
गया है दिल दिल से मिल
किया ये क्या तूने इशारा रे अभी-अभी...

तू क्या मिला है ज़माना मिल गया
जीने का मुझको बहाना मिल गया
ये तेरा दिल ये मेरा दिल
किया ये क्या तूने इशारा रे अभी-अभी...

**

अरे मेरा बालम
कितना ज़ालम
मेरा दिल लूट गया
लूट गया रे
अरे मेरा बालम...

जाने क्या थी वो नज़र
गई जो दिल में उतर
अब तो भूले से कभी

हाय देखे न इधर
अरे मेरा बालम...

आँख क्या तुझसे लड़ी
हो गई बात बड़ी
अब तो काटे न कटे
तेरे बिन एक घड़ी
अरे मेरा बालम...

तूने बेदर्द पिया
कैसा जादू ये किया
मेरे डोले रे क़दम
मेरा धड़के है जिया
अरे मेरा बालम...

माई बाप

[1957]

तू दिल मेरा लौटा दे
अंगरेज़ी साहिबज़ादे
मेरी तौबा
तुम पहले दिल है देता
फिर उसको वापस लेता
तुम है कैसा
तू दिल मेरा लौटा दे...

मैं एक रंगीली तितली
कभी बैठूँ ना मैं निकली
नहीं एक ठिकाना मेरा
मैं छम-छम जैसे बिजली
तू दिल मेरा लौटा दे...

कभी पास खड़े लहराना
कभी प्यार से जी घबराना
कभी फूल कभी तू काँटा
तेरा राज़ न हमने जाना
तू दिल मेरा लौटा दे...

मुझे देख न यूँ हरजाई
मेरी टूट गई अँगड़ाई
मेरा छोड़ दे ज़ालिम पीछा
तेरे प्यार से मैं बाज़ आई
तू दिल मेरा लौटा दे...

उस्ताद

[1957]

चोर लुटेरे डाकू
फिरे हैं आवारा
कहीं लूटा कहीं मारा
नहीं जीने का सहारा देखो जी
चोर लुटेरे डाकू...

बचना रे बाबू
चले इनपे न जादू
करें सबको ये क़ाबू देखो जी
घर न ठिकाना
लूटें माल ख़ज़ाना
धोखा ना खाना
अरे बुरा ज़माना देखो जी
चोर लुटेरे डाकू...

फिरती ये टोली
कोई समझे न बोली
ये तो मार दें गोली देखो जी
कोई नहीं तेरा
यहाँ कोई नहीं मेरा

छाया है अँधेरा
ये तो चोरों का डेरा देखो जी
चोर लुटेरे डाकू...

**

मिलें जो राह में छेड़ें वो मुस्करा के मुझे
हसीं वो शोख़ निगाहों से गुदगुदा के मुझे
वो मुझको पास बुलाए तो दिल मेरा धड़के
कहीं वो मार न डाले सता-सता के मुझे

बेदर्दी बेईमान नटखट साँवरिया
जिया जलाए गयो राम रे मोरा
बेदर्दी बेईमान...

क़रीब आके शरारत से मेरा नाम लिया
मैं हँस पड़ी तो मेरा हाथ बढ़के थाम लिया
छुड़ाया हाथ तो दामन पकड़ लिया मेरा
न जाने कब का सितमगर ने इन्तक़ाम लिया
बेदर्दी बेईमान...

हज़ार बार तो टाला उसे बहाने से
कभी वो बाज़ न आया मुझे सताने से
मैं उससे लाख कहूँ छोड़ देख लेगा कोई
उसे तो लाज न आए मगर ज़माने से
बेदर्दी बेईमान...

**

किसी का नाम जो होंठों पे बार-बार आए
कोई बताए मुझे किस तरह क़रार आए

किसके लिए बेक़रार
गोरी आज तेरा प्यार
दिल में जादू-सा जगाए
गोरी तेरी ये पुकार
किसके लिए बेक़रार
गोरी आज तेरा प्यार
तेरे लिए बेक़रार
सैंया आज मेरा प्यार
मेरा जियरा लजाए
तेरी आँखों का ख़ुमार
तेरे लिए बेक़रार...

खड़ी-खड़ी झूमूँ मैं तेरे आगे
अब तो जिया तक नैन हैं लागे
दिल में सैंया दर्द-सा जागे
किसके लिए बेक़रार
गोरी आज तेरा प्यार
तेरे लिए बेक़रार...

तीखी-तीखी नज़रें तीर चलाएँ
हम तो भरें गोरी देर से आहें
दिल से निकलें फिर भी दुआएँ
तेरे लिए बेक़रार...

**

ये समाँ फिर कहाँ
आ भी जा
देख ये ज़माना
कितना सुहाना
कर न बहाना
आ भी जा

ये समाँ फिर कहाँ...

चोरी-चोरी आ जा कहे रुत ये जवाँ
घड़ी-घड़ी आती ऐसी रात कहाँ
हाय न सता
मुझे क्या पता
दिल में है क्या अरमाँ
ये समाँ फिर कहाँ...

नया-नया छाया मेरे दिल पे नशा
खड़ी-खड़ी झूमूँ ज़रा सामने तो आ
मिले न कहीं
मुझसा हसीं
सुन ले ओ नादाँ
ये समाँ फिर कहाँ...

**

जान सके तो जान
तेरे मन में छुपकर बैठे
देख तेरे भगवान
जान सके तो जान...

सदियाँ बीतीं लेकिन तेरा
दीप न बुझने पाया
तेरी पूँजी मन की दौलत
सबसे ऊँची माया
सीता जैसी शक्ति तुझमें
पार्वती की शान
जान सके तो जान...

कोई न तेरा कोई न मेरा
सारे नाते झूठे
टूटे जग की आस तो क्या ग़म
आस न उसकी टूटे
वो ही तेरा सच्चा स्वामी
मान अरे इनसान
जान सके तो जान...

घर भी छूटा दर भी छूटा
ढूँढ़े रैन बसेरा
ग़म के गहरे बादल छाए
चारों ओर अँधेरा
निर्धन के दुःख-दर्द को क्यूँकर
जान सके धनवान
जान सके तो जान...

पाप की अपने देखो मूरख
आप सज़ा है पाता
जो भी सीधी राह से भटके
जोड़ न उससे नाता
जैसी करनी वैसी भरनी
भूल न जा नादान
जान सके तो जान...

रैन अँधेरी रस्ता सूना
भटके जा दुखियारी
तेरे दिल की राख में जलती
आज भी इक चिंगारी
हार न हिम्मत कभी तो होगी
राह तेरी आसान
जान सके तो जान...

दिल में लाखों तूफ़ाँ जागे
आँख न लेकिन रोये
धर्म का पालन करने वाली
आन न अपनी खोए
देखो-देखो ममता अपने
प्यार का दे बलिदान
जान सके तो जान...

क़ैदी

[1957]

छाया है समाँ मेरा दिल है जवाँ
सैंया मन में झूमें बहार
आ जा रे सनम तुझे मेरी क़सम
देखो दूँगी सब कुछ हार
छाया है समाँ...

शाम सुहानी लेकर आई कितने ख़्वाब सुहाने
तन की देखो एक कहानी मन के लाख फ़साने
अरे कभी मिटे नहीं तेरी लगी
तेरी ये नज़र गई दिल में उतर
मेरे दिल का बनके क़रार
आए न यक़ीं अरे तुझसा हसीं
करे हमसे इतना प्यार
अच्छा?
हाँ जी
छाया है समाँ...

कौन ये मेरे दिल से करता छुप के आज इशारे
मन में अपने प्यार बसा ले कहते मस्त नज़ारे
खिली यहाँ तेरे लिए कली-कली

तेरी ये नज़र गई दिल में उतर
मेरे दिल का बनके क़रार
आए न यक़ीं अरे तुझसा हसीं
करे हमसे इतना प्यार
अच्छा?
हाँ जी
छाया है समाँ...

**

हो सैंया जा जा जा जा जा
जा मैं तेरी बात कभी ना मानूँ
बलमा जा
चले न एक बहाना
मेरा तो आज ज़माना
हो सैंया जा जा जा जा जा...

देख के मेरे गाल ये गोरे
दिल ये मेरे डाल न डोरे
मुझे न देख लुभा ना
बना ना हाय दीवाना
हो सैंया जा जा जा जा जा...

मेरी अदाएँ रंग-रंगीली
होंठ-रसीले आँख-नशीली
अजी मैं एक ख़ज़ाना
मुझे ना हाथ लगाना
हो सैंया जा जा जा जा जा...

तेरे इरादे जान गई मैं
तेरी नज़र पहचान गई मैं
मुझे ना देख फँसा ना

मेरी ना आस लगाना
हो सैंया जा जा जा जा जा...

**

हमसे भी आते-जाते
आँख मिलाना दूर से
ओ बाबू दूर से
कोई निशाना दूर से
हमसे भी आते-जाते...

आँखों में भरके लाई
बाँहों में भरके लाई
जलवे बहार के
घायल नज़र से कर दे
तीरों से दिल को भर दे
दिन हैं ये प्यार के
ओ बाबू प्यार के
दिन हैं ये प्यार के
हमसे भी आते-जाते...

दिल पे ये काली-काली
लचके कमर की डाली
चलती मैं झूम के
हँस के नज़र जो लूटे
बिजली दिलों पे टूटे
देखो तो घूम के
ओ बाबू घूम के
देखो तो घूम के
हमसे भी आते-जाते...

**

निगाहों के साये

यूँ ही बातें न बना तू
मेरे दिल को न जला तू
देख ली तेरी अदा
अजी बस शुक्रिया...
ये तेरा नाज़ है क्या तेरा अन्दाज़ है क्या
अय मेरे जाने-जहाँ खोल ये राज़ है क्या
दिल कहीं आँख कहीं है
कुछ मुझे होश नहीं है
क्या मुझे भूल गया
अजी बस शुक्रिया...

ना रहा तुझपे अगर मेरी उल्फ़त का असर
क्या ज़रूरी है बता ये इनायत की नज़र
करके रंगीन इशारे
दिल को छेड़ हमारे
हँस के आँखें न मिला
अजी बस शुक्रिया...

तू मुझे प्यार न कर आँख भी चार न कर
मैंने चाहा है तुझे इससे इनकार न कर
तू ही दिलदार है मेरा
तुझसे तो प्यार है मेरा
क्या कहूँ इसके सिवा
अजी बस शुक्रिया...

**

कुछ तो ऐसी बात कर ज़ालिम
दिल बहल जाए मेरा बालम
आज मेरे पास है तू आज कैसा ग़म
कुछ तो ऐसी बात कर ज़ालिम...

ये हवाएँ ये बहारें ये समाँ
छेड़ भी दे कोई रंगीं दास्ताँ
कल न जाने तू कहाँ हो मैं कहाँ
कुछ तो ऐसी बात कर ज़ालिम...
कुछ अदा कुछ नज़र से काम ले
चुपके-चुपके हाय मेरा नाम ले
मैं ये सोचूँ मेरा दामन थाम ले
कुछ तो ऐसी बात कर ज़ालिम...

रागिनी

[1958]

मुझको बार-बार याद ना आ
बेवफ़ा बेवफ़ा...

हाय क्या बात तूने कही
मैं शराबी हूँ यूँ ही सही
आ मेरे हाल पर मुस्करा
बेवफ़ा बेवफ़ा...

तेरी महफ़िल से अब हम चले
है कोई जो मुझे थाम ले
मैं गिरा मैं गिरा मैं गिरा
बेवफ़ा बेवफ़ा...

तू ही सब कुछ मेरे लिए
मैंने पी आज तेरे लिए
भूल जा अपना ग़म भूल जा
बेवफ़ा बेवफ़ा...

**

पिया मैं हूँ पतंग तू डोर
मैं उड़ती चारों ओर
मेरा दिल ये जवाँ
रहे बस में कहाँ
जब छाए घटा घनघोर
पिया मैं हूँ पतंग तू डोर...

ठंडी हवा नाचे लहराए
प्यार की बदली दिल पे छाए
झूम के तन-मन मेरा गाए
हाय रे आँचल उड़ता जाए
आँचल उड़ता जाए
पिया मैं हूँ पतंग तू डोर...

बाँकी अदा नैना मतवाले
चाल नई अन्दाज़ निराले
प्यार का जादू दिल पर डाले
आँख मिलाकर नींद चुरा ले
नींद चुरा ले हाय
मेरी गोरी रंगीली चोर
यूँ देखे हमारी ओर
तीखी-तीखी ये नज़र
जाए दिल में उतर
कुछ हाय चले ना ज़ोर
पिया मैं हूँ पतंग तू डोर...

झूमे जिया बाजे शहनाई
रात सुहानी सपने लाई
चाँद ने हँसकर आँख मिलाई
मस्त जवानी ले अँगड़ाई
ले अँगड़ाई हाय
पिया मैं हूँ पतंग तू डोर...

निगाहों के साये

मेरी गोरी रंगीली चोर
यूँ देखे हमारी ओर
तीखी-तीखी ये नज़र
जाए दिल में उतर
कुछ हाय चले न ज़ोर
पिया मैं हूँ पतंग तू डोर...

**

हो मैं रात गुज़ारी
हाय रे मैं रात गुज़ारी
तारे गिन-गिन के
ओ सैंया तेरी बन के
बेदर्दी बालमा
हो मैं रात गुज़ारी...

करके जादू मुझपे ऐसा
तूने दिया मुझे दर्द ये कैसा
दर्द ये कैसा जी दर्द ये कैसा
मुझे दर्द ये कैसा
हो मैं रात गुज़ारी...

पूछें कलियाँ भर के आहें
किससे लड़ी तेरी शोख़ निगाहें
शोख़ निगाहें जी शोख़ निगाहें
तेरी शोख़ निगाहें
हो मैं रात गुज़ारी...

गिर गिर जाएँ आँचल सर से
हाय जिया तेरे प्यार को तरसे
प्यार को तरसे जी प्यार को तरसे

जी प्यार को तरसे
हो मैं रात गुज़ारी...

**

मन मोरा बावरा
निस दिन गाए गीत मिलन के
मन मोरा बावरा...

आशाओं के दीप जलाने
बैठी कब से आस लगा के
आया प्रीतम प्यारा
मन मोरा बावरा...

मन मन्दिर में श्याम बिराजे
छुन-छुन मोरी पायल बाजे
कैसा जादू डारा
मन मोरा बावरा...

**

इस दुनिया से निराला हूँ
मैं जादूगर मतवाला हूँ
मेरे गीत में वो जादू है
पाँव तेरे रुक जाएँगे
छिप-छिप हमको देखने वाले
नैन तेरे मुस्कराएँगे
इस दुनिया से निराला हूँ...

तान रसीली गाकर तूने
मेरा मन लहराया रे
मैं तो यही जानूँ
बस इतना ही मानूँ

तूने जादू आन जगाया रे
इस दुनिया से निराला हूँ...

कैसे रूठ सकेंगे तुमसे
जान के हम बन जाते हैं
देखो-देखो कैसे हम तुम
रूठ के फिर मन जाते हैं
इस दुनिया से निराला हूँ...

**

छेड़ दिए मेरे दिल के तार क्यूँ
बाज रही पायल मदमाती
चाल चले पग-पग लहराती
झूम रहा जिया बार-बार क्यूँ
छेड़ दिए मेरे दिल के तार क्यूँ

**

दिल तोड़ने वाले बता के जा
मैंने तेरा क्या किया
दिल तोड़ने वाले बता के जा...

रो-रो के मैंने पुकारा तुझे
तूने छोड़ा मगर बेसहारा मुझे
मुझको रुला के कहाँ चल दिया
दिल तोड़ने वाले बता के जा...

देखो ये राहें अँधेरा समाँ
ये सूनी राहें अँधेरा समाँ
इस दिल को मैं ले के जाऊँ कहाँ
दिल तोड़ने वाले बता के जा...

**

मुड़-मुड़ हमको देखता
झुक-झुक नज़रें फेंकता
सैंया अनजाना
जब-जब मौसम झूमता
रह-रह किसको ढूँढ़ता
दिल ये दीवाना
मुड़-मुड़ हमको देखता...

आँख तो सब कुछ कहती है
बात छुपी कब रहती है
पा के इशारा मौजों का
नाव हमेशा बहती है
हौले रे हौले
दिल मेरा डोले
तेरे सहारे जी
जब-जब मौसम झूमता
रह-रह किसको ढूँढ़ता
दिल ये दीवाना
मुड़-मुड़ हमको देखता...

दिल जो मेरा लहराता है
प्यार किसी का गाता है
डाल के आँखें आँखों में
हाय कोई मुस्काता है
हमको बुलाएँ
किसकी अदाएँ
किसके इशारे जी
मुड़ मुड़ हमको देखता...

फ़रिश्ता

[1958]

आज मैंने जाना
मेरा दिल है दीवाना
सैंया राजा
सचमुच तेरे लिए
आज मैंने जाना...

आ गई रुत सँवर के
जी उठी मैं तो मर के
चाल चलूँ प्यारी-प्यारी
नाच रही दुनिया सारी
सचमुच तेरे लिए
आज मैंने जाना...

आज तो हर बहाने
मैं लगी मुस्कराने
रंग नए छाए देखो
प्यार मेरा गाए देखो
सचमुच तेरे लिए
आज मैंने जाना...

**

बच बच बच
कहूँ सच सच सच
कोई दिल न उड़ा ले
चुटकी बजा के ऐसे
बच बच बच...

गोरी-गोरी जवानी कैसी
संग-ए-मरमर जैसी
दिल को रे बाबू
करोगे क़ाबू कैसे
बच बच बच...

पास तुम्हारे नहीं आऊँ
दूर से ही तड़पाऊँ
चंचल बिजली
हाथ न आए जैसे
बच बच बच...

देख के नखरा मेरा
काँपेगा दिल तेरा
उड़न खटोला
खाए हिचकोला जैसे
बच बच बच...

**

मेरी अँखियों में अँखियाँ न डाल
कि जिया मोरा धड़के रे
दिल धड़के रे मोरे बालमा
अँखियों में अँखियाँ न डाल...

निगाहों के साये

कितनी रंगीली सैंया तेरी नज़र
मुख पे गई है मेरी लाली उभर
शरमा गए मेरे गाल
कि जिया मोरा धड़के रे
दिल धड़के रे मोरे बालमा
अँखियों में अँखियाँ न डाल...

तेरे इशारे पिया कितने जवाँ
दिल पे रहा है देखो क़ाबू कहाँ
लहरा गई मेरी चाल
कि जिया मोरा धड़के रे
दिल धड़के रे मोरे बालमा
अँखियों में अँखियाँ न डाल...

झूमे जवानी मेरी देखो बलम
कैसे कहूँ रे सैंया लागे शरम
जानो न तुम दिल का हाल
कि जिया मोरा धड़के रे
दिल धड़के रे मोरे बालमा
अँखियों में अँखियाँ न डाल...

ब्लैक कैट

[1959]

सितारे राह तकते हैं चले आओ चले आओ
हज़ारों दिल धड़कते हैं चले आओ चले आओ
सितारे राह तकते हैं...

कहाँ हो तुम जो अपने को मेरा दीवाना कहते थे
वो आँखें तुम कभी जिनको हसीं पैमाना कहते थे
वो पैमाने छलकते हैं चले आओ चले आओ
सितारे राह तकते हैं...

यही वादी यही साहिल यही रंगीं नज़ारे थे
यहीं हमने मुहब्बत के जवाँ लम्हे गुज़ारे थे
कहाँ हम भूल सकते हैं चले आओ चले आओ
सितारे राह तकते हैं...

मुहब्बत के हसीं वादे हैं दोनों की निगाहों में
कभी आँखें थीं आँखों में कभी बाँहें थीं बाँहों में
अकेले अब भटकते हैं चले आओ चले आओ
सितारे राह तकते हैं...

**

नशे में हम नशे में तुम
क्या ख़बर
दिल किधर हो गया है गुम
नशे में हम...

नज़र-नज़र हसीन है टपक रहा है रक़्स
जो एक दिल गया तो क्या तुम्हें मिलेंगे दस
क्या ख़बर
दिल किधर हो गया है गुम
नशे में हम...

तुम्हारा दिल अरे कहीं लटक गया न हो
जवान था इधर-उधर भटक गया न हो
क्या ख़बर
दिल किधर हो गया है गुम
नशे में हम...

हमारा क्या जो तुम कहो वो बात मान लें
ख़फ़ा न हो तो अपना दिल तुम्हीं को जान लें
क्या ख़बर
दिल किधर हो गया है गुम
नशे में हम...

**

कोई इक़रार करे या कोई इनकार करे
उनसे इक बार निगाहें तो ज़रा चार करे
तुम हसीं हो तुम्हें सब दिल में जगह देते हैं
हममें क्या बात है ऐसी जो कोई प्यार करे

मैं तुम्हीं से पूछती हूँ
मुझे तुमसे प्यार क्यूँ है

कभी तुम दग़ा न दोगे
मुझे एतबार क्यूँ है
मैं तुम्हीं से पूछती हूँ...
मुझे क्यूँ पुकारती हैं
ये जवाँ-जवाँ फ़िज़ाएँ
मुझे मिल गईं कहाँ से
ये हसीं-हसीं अदाएँ
मेरी ज़िन्दगी पे छाई
ये नई बहार क्यूँ है
मैं तुम्हीं से पूछती हूँ...

जो क़दम उठा रही हूँ
वो क़दम बहक रहा है
मिली तुमसे क्या निगाहें
मेरा दिल धड़क रहा है
मेरे दिल पे हाथ रख दो
तुम्हें इन्तज़ार क्यूँ है
मैं तुम्हीं से पूछती हूँ...

तुम्हीं सामने हो मेरे
मैं जिधर नज़र उठाऊँ
तुम्हें भूलना भी चाहूँ
तो कभी न भूल पाऊँ
मेरे दिल पे हाय इतना
तुम्हें इख़्तियार क्यूँ है
मैं तुम्हीं से पूछती हूँ...

मिस्टर जॉन

[1959]

आओ हम प्यार करें
प्यार करें प्यार करें
कोई इक़रार करें
कोई इक़रार करें...

साँस रह रह के रुके
नैन कहते हैं झुके
अब तो हम हाय तुम्हें
हाय तुम्हें दिल दे चुके
जो भी तुम बात कहो
हम तो ना इनकार करें
कोई इक़रार करें...

हाँ मुहब्बत में ज़रा
चाहिए शोख़ अदा
कुछ ना कुछ छेड़ रहे
छेड़ रहे जब है मज़ा
कभी मन जाएँ कभी
जान के तकरार करें
कोई इक़रार करें...

जब हवा थम के बहे
कोई चुपके से कहे
बात क्यूँ दिल की अरे
दिल की अरे दिल में रहे
अपनी बाँहों में तुम्हें
आज गिरफ़्तार करें
कोई इक़रार करे...

**

मेरे बाबू रहे किस फेर में
आए जो इतनी देर में...

किसके अन्दाज़ किसके इशारे
ले उड़े हाय दिल को तुम्हारे
तुमको मेरी क़सम सच बताना
किसी बाँहों में ये दिन गुज़ारे
आए जो इतनी देर में...

किसने ऐसी नज़र से पिला दी
मेरी आँखों की मस्ती भुला दी
किसने छोड़ा न दामन पकड़ के
राह में जुल्फ़ किसने बिछा दी
आए जो इतनी देर में...

कितनी रातें गईं दिल को डस के
कब से देखा नहीं तुमने हँस के
ये जवानी ये मौसम रंगीला
रह गई हाय मैं तो तरस के
आए जो इतनी देर में...

**

टिप टिप टो टो
मेरे दिल हैं दो दो
टिप टिप टो
मेरे दिल हैं दो
ओ हो हो हम भी सुनें तो
मेरे दिल हैं दो...

इक दिल मेरा तो इक दिल तेरा
जो मैंने तुझसे माँगा तो फिर नहीं फेरा
तो यूँ बोलो
टिप टिप टो
मेरे दिल हैं दो...

ये तन गोरा-गोरा ये तिल काला-काला
जो एक मेरा दिल था तुझे वो दे डाला
अगर है प्यार हमसे अगर है मतवाला
तो एक और दिल कहीं न तू चुरा ला
तो यूँ बोलो
टिप टिप टो
मेरे दिल हैं दो...

ये दो मेरी ज़ुल्फ़ें ये दो मेरे बाज़ू
अदा से मैं तो डोलूँ दिलों पे लाख जादू
सुनें जो ऐसी बातें रहे न हाय क़ाबू
ज़रा गले लगा लें अगर ख़फ़ा न हो तू
तो यूँ बोलो
टिप टिप टो
मेरे दिल हैं दो...

ये दो तेरी आँखें इन्हें भी चार कर ले
नज़र मिला के ज़ालिम नज़र से प्यार कर ले
तू चाहता है झट से गले का हार कर ले

बड़ा कहीं का आया कुछ इन्तज़ार कर ले
तो यूँ बोलो
टिप टिप टो
मेरे दिल हैं दो...

**

ओ मेरे बिछड़े बलम
तूने कैसा दिया ग़म
लुट गए हम
इन आँसुओं की क़सम...

इक पल भी न हमको
ख़ुशी का मिला
ज़िन्दगी से बता दे
हमें क्या मिला
उस पे तेरा ये सितम
लुट गए हम
इन आँसुओं की क़सम...

था यक़ीं तू हमें
छोड़ सकता नहीं
दिल है नाज़ुक कभी
तोड़ सकता नहीं
कैसा टूटा ये भरम
लुट गए हम
इन आँसुओं की क़सम...

हसरतों का चमन
आज लुटने लगा
अब तो आजा कि
दम मेरा घुटने लगा

कहीं दिल ना जाए थम
लुट गए हम
इन आँसुओं की क़सम...

**

छक्के के ऊपर छक्का
वो ही खिलाड़ी पक्का
जो हाथ जीते पहला
मार बेटा नहले पे दहला
होय
मार बेटा नहले पे दहला...

ना रेस मेरे बस की है बेटा
ना तेरे बस का सहा
हारा अगर है करले बराबर
करता है क्यूँ दिल खट्टा
आ जा ज़रा दिल बहला
होय
मार बेटा नहले पे दहला...

दिल खोल कर जो नामा-लड़ाए
कब वो खिलाड़ी हारे
ऐसा कहाँ फिर मौक़ा मिलेगा
पैसा बना ले प्यारे
सेठों का सेठ तो कहला
होय
मार बेटा नहले पे दहला...

फिरते हैं ऐसे कितने लुटेरे
खा जाएँ लेकर चन्दा
हम तो कहेंगे फिर भी है

अच्छा लाखों से अपना धंधा
बैठा न सिर को सहला
होय
मार बेटा नहले पे दहला...

**

मुझे देखो होती देर
खड़े क्यूँ मेरा रस्ता घेर
सजन घर जाने दो
सजन घर जाने दो
करो हाय न ये अन्धेर
न लो यूँ हमसे नज़रें फेर
कि दिल भर जाने दो
सजन घर जाने दो...

ना देखो दिन ना देखो रात
करो क्यूँ छेड़ मेरे साथ
कहीं छूना न मेरा हाथ
करूँगी फिर ना तुमसे बात
सजन घर जाने दो...

जो देखें गोरे-गोरे गाल
ना बिगड़े कैसे दिल का हाल
ना बातों में हमें दो टाल
रहो आँखों में आँखें डाल
कि दिल भर जाने दो
सजन घर जाने दो...

अजी ये दिल है बेआराम
ज़रा तो प्यार से लो काम
करोगे क्या मुझे बदनाम

अरे होने को आई शाम
सजन घर जाने दो...

**

बेटा सँभल के चलना
बेटा सँभल के चलना
ज़्यादा नहीं उछलना
रस्ता बहुत है चिकना
धीरे से बच निकलना
बेटा सँभल के चलना...

पैदल जो फिरना है
क़िस्मत में भैय्या
सीने पे चलता है
मोटर का पहिया
दिल को पड़े कुचलना
बेटा सँभल के चलना...

नक़ली ये चेहरे हैं
इस पे न जाना
पावडर ही पावडर है
धोखा न खाना
इनसे न दिल बदलना
बेटा सँभल के चलना...

चाँदी के तारों में
जकड़े न जाना
पैसे की लालच में
पकड़े न जाना
रह जाएगा मचलना
बेटा सँभल के चलना...

कल्पना

[1960]

बेकसी हद से जब गुज़र जाए
कोई अय दिल जिए कि मर जाए
ज़िन्दगी से कहो दुलहन बनके
आज तो दो घड़ी सँवर जाए
उनको जी भर के देख लेने दे
दिल की धड़कन ज़रा ठहर जाए
हम हैं ख़ुद अपनी जान के दुश्मन
क्यों ये इल्ज़ाम उनके सर जाए
मेरे नग़मों से उनका दिल न दुखे
ग़म नहीं मुझ पे जो गुज़र जाए

रिक्शावाला

[1960]

नहीं जो सोना पहन के रह ले गिलट के छल्ले बेटा
क्रीम नहीं तो मुँह पे कड़वा तेल ही मल ले बेटा
बिना नसीबों फूटी कौड़ी पड़े न पल्ले बेटा
जैसे चाहे रखे वो दाता अपना क्या है जी
रूखी-सूखी खाय के ठंडा पानी पी
रे भइया ठंडा पानी पी...

वो है मालिक जिसको चाहे फाड़ के छप्पड़ देता
एक को सूखा गुड़ नहीं मिलता एक को शक्कर देता
एक को सीधी राह चलाता एक को चक्कर देता
जैसे चाहे रखे वो दाता अपना क्या है जी
रूखी-सूखी खाय के ठंडा पानी पी
रे भइया ठंडा पानी पी...

देश की पूँजी देश का धन हो देखो तुम सब बच्चे
अपनी धुन के पक्के रहना बात के रहना सच्चे
अपनी जैसे-तैसे बीती आएँगे दिन कल अच्छे
जैसे चाहे रखे वो दाता अपना क्या है जी
रूखी-सूखी खाय के ठंडा पानी पी
रे भइया ठंडा पानी पी...

दूध जलेबी नहीं तो बेटा चने चबा कर रह ले
घर जो नहीं फुटपाथ पे भइया टाट बिछा कर रह ले
चार दिनाँ तो रहना तुझको ग़म ही उठा कर रह ले
जैसे चाहे रखे वो दाता अपना क्या है जी
रूखी-सूखी खाय के ठंडा पानी पी
रे भइया ठंडा पानी पी...

खरी न इस दुनिया को समझना जान के खोटी रहना
मिले जो आधी रोटी खाके आधी रोटी रहना
पास नहीं जो कपड़ा-लत्ता बाँध लँगोटी रहना
जैसे चाहे रखे वो दाता अपना क्या है जी
रूखी-सूखी खाय के ठंडा पानी पी
रे भइया ठंडा पानी पी...

धूम न आड़ी माँग निकाले बनके छैला प्यारे
पाँव जो फैला अपनी चादर देख के फैला प्यारे
माल नहीं तो अपने दिल को कर नहीं मैला प्यारे
जैसे चाहे रखे वो दाता अपना क्या है जी
रूखी-सूखी खाय के ठंडा पानी पी
रे भइया ठंडा पानी पी...

डॉ. शैतान

[1960]

हमें रस्ते में छेड़े क्यूँ
अरे क्या तू पियेला है
करें क्या प्यार में तेरे
मग़ज़ अपना फिरेला है
हमें रस्ते में छेड़े क्यूँ...

अब तो मेरी जाँ
कह दे ज़रा हाँ
ऐसा भी क्या है अरे
दिल तो ले चुका
चाहे और क्या
क्या मसख़री तू करे
हाय ये अदा
हमको दिलरुबा
नख़रों पे तेरे मरेला है
हमें रस्ते में छेड़े क्यूँ...

लगता है जी डर
देखोगी अगर
दुनिया कहेगी बुरा

तुझपे जा मरें
किससे हम डरें
हमको न इतना डरा
समझे न ज़रा
माने न कहा
तेरा तो भेजा सड़ेला है
हमें रस्ते में छेड़े क्यूँ...

दो भाई

[1961]

चाचा दौड़ियो रे
कि चुहिया काटने को आई...

देश-देश के राजे आए
ले ले के बन्दूकें
जब चुहिया ने पूँछ हिलाई
निकली सबकी फूकें
चाचा दौड़ियो रे
कि चुहिया काटने को आई...

इक दिन चाचा बोला
काटूँ चुहिया का मैं पत्ता
चुहिया ने इक फूँक जो मारी
जा पहुँचा कलकत्ता
चाचा दौड़ियो रे
कि चुहिया काटने को आई...

अपना चाचा बड़ा सियाना
इक दिन लाया बिल्ली
चुहिया ने इक ठोकर मारी

जा पहुँचा वो दिल्ली
चाचा दौड़ियो रे
कि चुहिया काटने को आई...

**

अय दिल ये बता ये बता ये बता
क्या मुझे हो गया मैं कहाँ खो गया
पर तुझे क्या पता क्या पता
अय दिल ये बता ये बता ये बता...

हर हँसी जुर्म है
हर ख़ुशी जुर्म है
क्या ख़बर किसलिए
ज़िन्दगी जुर्म है
आदमी से हुई क्या ख़ता
अय दिल ये बता ये बता ये बता...

बेकसी के सिवा
क्या रहा कुछ नहीं
मेरे दिल अब मेरा
आसरा कुछ नहीं
कम से कम तू मुझे ना सता
अय दिल ये बता ये बता...

**

हर-हर गंगे हर-हर बोल
जनम-जनम के धो ले चोले
पाप की गठरी खोल रे
हर-हर गंगे हर-हर बोल...

संत-महंत विरागी ज्ञानी
शीश नवाए सारे प्राणी
ब्रह्मा विष्णु शिव इस जन में
ज्ञान की मोती रोल
हर-हर गंगे हर-हर बोल...

गंगा मइया सबको तारे
लोक बलि परलोक सिधारे
जो भी हर हर गंगे बोले
पाए फल अनमोल
हर-हर गंगे हर-हर बोल...

श्रद्धा के मन-दीप जलाए
उज्ज्वल धारा बहती जाए
अपनी-अपनी धुन में गाएँ
शंख मंजीरे ढोल
हर-हर गंगे हर-हर बोल...

**

कौन जाने हर बहाने
क्यूँ मेरा दिल लगा मुस्कराने
कौन जाने...

चाँदनी क्यूँ सताने लगी है
क्यूँ हँसी लब पे आने लगी है
क्यूँ नज़र है झुकी
साँस क्यूँ है रुकी
चाल क्यूँ डगमगाने लगी है
दिल में छुपके चुपके-चुपके
किसने छोड़े ये रंगीं तराने
कौन जाने...

है हवा में असर रागनी का
दिल धड़कता है शायद किसी का
वो नशीली नज़र
क्या उठी है इधर
छा गया क्यूँ समाँ बेख़ुदी का
कुछ सँवर के कुछ बिखर के
जाने भी दे कहें क्या फ़साने
कौन जाने...

मैं और मेरा भाई

[1961]

मैं अभी ग़ैर हूँ मुझको अभी अपना न कहो
हाय मर जाएँगे मिट जाएँगे ऐसा न कहो
मैं अभी ग़ैर हूँ...

दिल की धड़कन की तरह दिल में बसी रहती हो
ख़्वाब बनकर मेरी पलकों पे सजी रहती हो
क्या कहो तुमको अगर जान-ए-तमन्ना न कहो
मैं अभी ग़ैर हूँ...

यूँ न देखो कि मेरी साँस रुकी जाती है
जो नज़र उठती है शरमा के झुकी जाती है
मेरी नज़रों को मेरे दिल का तकाज़ा न कहो
हाय मर जाएँगे...

राज़ क्यूँ राज़ रहे इसकी ज़रूरत क्या है
हमसे दामन न छुड़ाओ ये क़यामत क्या है
हम तो कहते हैं हमें शौक़ से दीवाना कहो
मैं अभी ग़ैर हूँ...

**

आए हो तो जाने का बहाना न मिलेगा
इस दिल के सिवा कोई ठिकाना न मिलेगा
आए हो तो जाने का बहाना न मिलेगा

ज़ुल्फ़ों के मचलते हुए घेरे न मिलेंगे
पलकों पे लचकते ये अँधेरे न मिलेंगे
साँसों का महकता ये तराना न मिलेगा
इस दिल के सिवा कोई ठिकाना न मिलेगा
आए हो तो जाने का बहाना न मिलेगा...

पाओगे किसी और में ये बात कहाँ से
मिल जाएँगे हर बार ये दिन-रात कहाँ से
ढूँढ़े से ये रंगीन—ज़माना न मिलेगा
इस दिल के सिवा कोई ठिकाना न मिलेगा
आए हो तो जाने का बहाना न मिलेगा...

दिल देके तुम्हें दिल का तकाज़ा न करेंगे
तुम जान भी माँगोगे तो हम ना न करेंगे
हम-सा भी तुम्हें कोई दीवाना न मिलेगा
इस दिल के सिवा कोई ठिकाना न मिलेगा
आए हो तो जाने का बहाना न मिलेगा...

**

हो गोरी ज़ुल्म करे ज़ुल्फ़ का बिखर जाना
हो गोरी ज़ुल्म करे ज़ुल्फ़ का बिखर जाना
हो बिखर जाना हाय बिखर जाना
बिखर जाना हाय बिखर जाना
हो गोरी हो गोरी
हो गोरी ज़ुल्म करे...

हर अदा तेरी कमाल
मुखड़ा चाँद की मिसाल
चलती मोरनी-सी चाल
जाने क्यूँ न दिल का हाल
बदगुमान थोड़ी देर ही ठहर जाना
हो ठहर जाना हाय ठहर जाना
ठहर जाना हाय ठहर जाना
हो गोरी हो गोरी
हो गोरी ज़ुल्म करे...

ये दुपट्टा जालीदार
पहने मोतियों का हार
हल्का-हल्का ये सिंगार
आए किस तरहा न प्यार
ये बहार उसपे ये तेरा सँवर जाना
हो सँवर जाना हाय सँवर जाना
सँवर जाना हाय सँवर जाना
हो गोरी हो गोरी
हो गोरी ज़ुल्म करे...

आँख में हसीं ग़ुरूर
हुस्न के नशे में चूर
देखना ये दूर-दूर
हमसे क्या हुआ कुसूर
हाय राम लेके दिल तेरा मुकर जाना
हो मुकर जाना हाय मुकर जाना
मुकर जाना हाय मुकर जाना
हो गोरी...

**

इनसान कितने युग बीते
यूँ ही रहा नादान
यूँ ही रहा नादान
मूरख है इनसान भगवन
बुरे-भले का ज्ञान रखे ना
अपना गवाए देखो नाम रे
मूरख है इनसान...

आप ही चुन-चुन काँटे बोए
सारे कुल की लाज डुबोए
पाप को मन का बोझ न जाने
धरती पल-पल फूट के रोए
कैसा ज़माना आया
राम राम राम रे
मूरख है इनसान...

दुःख भी झेले दर्द भी पाए
फिर भी पापी बाज़ न आए
पग-पग भटके राह न सूझे
मन का अँधेरा बढ़ता जाए
खोया उजाला छाई
शाम शाम शाम रे
मूरख है इनसान...

मिस्टर इंडिया

[1961]

बाबा लू ओ बाबा लू

ओ छोड़ के न जाना आधी रात को
तू क्या जाने रे बेदर्दी
तू क्या समझे रे बेदर्दी मेरी बात को
दिल तोड़ के न जाना आधी रात को
बाबा लू ओ बाबा लू बाबा लू बाबा लू...

चमके अभी तो मेरे माथे के तारे
क्यूँ हमको मीठी-मीठी बातों से मारे
डाला आते ही बहाना
हाय ऐसा भी क्या आना मुलाक़ात को
दिल तोड़ के न जाना आधी रात को
बाबा लू ओ बाबा लू बाबा लू बाबा लू...

उलझी लटों से खेलें बन के हवाएँ
भोले दिलों को लूटें तेरी अदाएँ
करना हमसे ना किनारा
दिल न तरसे कल तुम्हारा मेरे साथ को

दिल तोड़ के न जाना आधी रात को
बाबा लू ओ बाबा लू बाबा लू बाबा लू...

**

क्या सोच रहा मतवाले
दुनिया के खेल निराले
कहीं मोटरगाड़ी वाले
कहीं रोटी के हैं लाले
कहीं चोर-चोर
कहीं शोर-शोर
सब किसने चक्कर डाले
क्या सोच रहा मतवाले
दुनिया के खेल निराले...

कोई पॉकिट मार के जीता
कोई ख़ून ग़रीब का पीता
पर जो है मेहनत करता
नहीं पेट है उसका भरता
क्या सोच रहा मतवाले
दुनिया के खेल निराले...

कहीं भूक कहीं बेकारी
जहाँ तन को बेचे नारी
हर आँख में आँसू मचले
कब देख ये दुनिया बदले
क्या सोच रहा मतवाले
दुनिया के खेल निराले...

**

नज़र ये तेरी तीखी
न मार गोरिए होय होय
न मार गोरिए हाय हाय
न मार गोरिए हमको तू
दिलों पे डाले क्यों जादू
बड़ा कहीं का आया
न छेड़ सुनियो होय होय
न छेड़ सुनियो ओय होय
न छेड़ सुनियो हमको तू
ज़रा तो दिल पे रख क़ाबू
नज़र ये तेरी तीखी...

फूलों में मेरी गोरी गेंदे का फूल है
तेरी गली लगूँगी ये तेरी भूल है
छेड़े देखो जान के
जी कैसा सीना तान के
नज़र ये तेरी तीखी...

नख़रों में मेरी गोरी आगे है हीर से
घायल करूँगी तुझको काजल के तीर से
छेड़े देखो जान के
जी कैसा सीना तान के
नज़र ये तेरी तीखी...

**

कहाँ चली छम से
बचा के आँख हम से
कि मर गए हम क़सम से
हाय देख मुड़के
ओ आ जा पास उड़ के
कहूँ मैं तो हँस के

जो हम हों तेरे बस के
तो फिर न रह तरस के
हाय देख मुड़ के
ओय आ जा पास उड़ के
कहाँ चली छम से...

गालों पे ये लाली है
या आग लगा ली है
ऐसी-वैसी आग नहीं
जल जाए तू न कहीं
कहाँ चली छम से...

ये नैन लुटेरे हैं
तेरे हैं न मेरे हैं
तीखे-तीखे नैन मिले
अब कैसे चैन मिले
कहूँ मैं तो हँस के
जो हम हों तेरे बस के
तो फिर न रह तरस के
हाय देख मुड़के
ओय आ जा पास उड़ के
कहाँ चली छम से...

**

देखा न जाए
सोचा न जाए
ओ देखो कितना बलम बेईमान रे
देखा न जाए...

खेल नहीं मेरे प्यार को ठुकरा देना
आज है मुश्किल दिल को समझा लेना

निगाहों के साये

दिल है दीवाना रे
क्या तूने जाना रे
देखा न जाए...

देख न दिल कहीं प्यार का बदला ले ले
आग हूँ मैं तो आग से क्यूँ तू खेले
धोका न खाना रे
क्या तूने जाना रे
देखा न जाए...

मुझपे चला अरे तीर न मेरा होके
देख रुकेगा वार न मेरा रोके
तीखा निशाना रे
क्या तूने जाना रे
देखा न जाए...

एकता और जागृति के गीत

[1961]

एक है अपनी ज़मीं एक है अपना गगन
एक है अपना जहाँ एक है अपना वतन
अपने सभी सुख एक हैं अपने सभी ग़म एक हैं
आवाज़ दो, आवाज़ दो हम एक हैं हम एक हैं

ये वक़्त खोने का नहीं
ये वक़्त सोने का नहीं
जागो वतन ख़तरे में है
सारा चमन ख़तरे में है
फूलों के चेहरे ज़र्द हैं
ज़ुल्फ़ें फ़िज़ा की गर्द हैं
उमड़ा हुआ तूफ़ान है
नरग़े में हिन्दोस्तान है
दुश्मन से नफ़रत फ़र्ज़ है
घर की हिफ़ाज़त फ़र्ज़ है
बेदार हो बेदार हो
आमादा-ए-पैकार हो
आवाज़ दो हम एक हैं...

ये है हिमाला की ज़मीं
ताज-ओ-अजन्ता की ज़मीं
संगम हमारी आन है
चित्तौड़ अपनी शान है
गुलमर्ग का महका चमन
जमुना का तट गोकुल का वन
गंगा के धारे अपने हैं
ये सब हमारे अपने हैं
कह दो कोई दुश्मन नज़र
उट्ठे न भूले से इधर
कह दो कि हम बेदार हैं
कह दो कि हम तैयार हैं
आवाज़ दो हम एक हैं...

उट्ठो जवानाने-वतन
बाँधे हुए सर से कफ़न
उट्ठो दक्कन की ओर से
गंग-ओ-जमन की ओर से
पंजाब के दिल से उट्ठो
सतलुज के साहिल से उट्ठो
महाराष्ट्र की ख़ाक से
दिल्ली की अर्ज़-ए-पाक से
बंगाल से गुजरात से
कश्मीर के बाग़ात से
नेफ़ा से राजस्थान से
कुल ख़ाक-ए-हिन्दुस्तान से
आवाज़ दो हम एक हैं

दिल्ली का दादा

[1962]

चेहरा क्या गुलाब है
जलवा बेहिसाब है
तेरा क्या जवाब है भई माशा अल्लाह लोशे
तू मेरा शबाब है
मेरा आफ़ताब है
तेरा क्या जवाब है भई माशा अल्लाह
वल वले वई वल वले वई वल वले
गिली गिली गिली गिली लोशे

फूल है अनार का
चाँद है बहार का
वल वले वई वल वले वई वल वले
झूमती निगाह में
रंग है ख़ुमार का
तू ही मेरी ज़िन्दगी
तू ही मेरा ख़्वाब है
तेरा क्या जवाब है भई माशा अल्लाह क़ुर्बान
चेहरा क्या गुलाब है...

आज तुझसे क्या मिली
हर हसीं अदा मिली
वल वले वई वल वले वई वल वले
जो तेरी नज़र उठी
मेरे दिल से जा मिली
एक तरफ़ हैं शोख़ियाँ
एक तरफ़ हिजाब है
तेरा क्या जवाब है भई माशा अल्लाह लोशे
तू मेरा शबाब है
मेरा आफ़ताब है
तेरा क्या जवाब है भई माशा अल्लाह
चेहरा क्या गुलाब है...

रुस्तम सोहराब

[1963]

अय दिलरुबा
नज़रें मिला
कुछ तो मिले
ग़म का सिला
अश्क़ों का इक दरिया बहा
प्यासा था दिल प्यासा रहा
नज़रें मिला नज़रें मिला
रहने न दे कोई गिला
अय दिलरुबा...

सुशीला

[1966]

बहुत ख़ूबसूरत हैं आँखें तुम्हारी
अगर ये कहीं मुस्करा दें तो क्या हो
लगी है यूँ ही आग दिल में तुम्हारे
हम एक और बिजली गिरा दें तो क्या हो
बहुत ख़ूबसूरत हैं आँखें तुम्हारी...

इशारों से छेड़ें कि हँस कर सताएँ
हँसी हैं मुहब्बत की सारी ख़ताएँ
तुम्हारी ख़ताओं को हम जानते हैं
ख़ताओं से पहले सजा दें तो क्या हो
बहुत ख़ूबसूरत हैं आँखें तुम्हारी...

जो पास आ गए हो तो दामन न छूना
कहीं शौक़ दिल का न हो जाए दूना
मुहब्बत में ये क़ैद ये शर्त कैसी
कोई शर्त हम भी लगा दें तो क्या हो
लगी है यूँ ही आग दिल में तुम्हारे...

निगाहों से छोटा-सा पैग़ाम दे दो
तड़पते हुए दिल को आराम दे दो

अभी से ये आलम है बेताबियों का
जो थोड़ा बहुत आसरा दें तो क्या हो
बहुत ख़ूबसूरत हैं आँखें तुम्हारी...

**

बेमुरव्वत बेवफ़ा बेगान-ए-दिल आप हैं
आप मानें या न मानें मेरे क़ातिल आप हैं
आप से शिकवा है मुझ को ग़ैर से शिकवा नहीं
जानती हूँ दिल में रख लेने के क़ाबिल आप हैं
साँस लेती हूँ तो ये महसूस होता है मुझे
जैसे मेरे दिल की हर धड़कन में शामिल आप हैं
ग़म नहीं जो लाख तूफ़ानों से टकराना पड़े
मैं वो कश्ती हूँ कि जिस कश्ती का साहिल आप हैं

**

ग़म की अँधेरी रात में दिल को न बेक़रार कर
सुब्हा ज़रूर आएगी सुब्हा का इन्तज़ार कर
ग़म की अँधेरी रात में...

दर्द है सारी ज़िन्दगी
जिसका कोई सिला नहीं
दिल को फ़रेब दीजिए
और ये हौसला नहीं
मुझसे तो बदगुमाँ न हो मुझपे तो एतबार कर
सुब्हा ज़रूर आएगी सुब्हा का इन्तज़ार कर
ग़म की अँधेरी रात में...

ख़ुद ही तड़प के रह गए
दिल की सदा से क्या मिला

आग से खेलते रहे
हमको वफ़ा से क्या मिला
दिल की लगी बुझा न दे दिल की लगी से प्यार कर
सुब्हा ज़रूर आएगी सुब्हा का इन्तज़ार कर
ग़म की अँधेरी रात में...

**

नज़र नवाज़-नज़ारों में खो गया हूँ मैं
इन्हीं हसीन बहारों में खो गया हूँ मैं
नज़र नवाज़-नज़ारों में खो गया हूँ मैं...

हरेक फूल महकता हुआ शरारा है
हरेक ज़र्रा चमकता हुआ सितारा है
इन्हीं ज़मीं के सितारों में खो गया हूँ मैं
नज़र नवाज़-नज़ारों में खो गया हूँ मैं...

कभी हवा ने लगी और भी लगा दी है
कभी घटा ने तड़पकर मुझे सदा दी है
कभी नदी की पुकारों में खो गया हूँ मैं
नज़र नवाज़-नज़ारों में खो गया हूँ मैं...

हरेक चीज़ में अय हुस्न तुझको ढूँढ़ा है
तुझी को प्यार किया है तुझी को पूजा है
तेरी ही राहगुज़ारों में खो गया हूँ मैं
नज़र नवाज़-नज़ारों में खो गया हूँ मैं...

**

गोरी मिलना हो मिलना रे नदिया के पार
ना बाबा ना कोई देख लेगा

हम तो चुपके से चुपके से कर लेंगे प्यार
ना बाबा ना कोई देख लेगा...

नदी पारे न मिलना तू बगियन में मिलना
रैन थोड़ी-सी जाए तो गलियन में मिलना
मिलने-जुलने के ज़ालिम ठिकाने हज़ार
ना बाबा ना कोई देख लेगा...

जो न गलियन में मिलना तो पनघट पे मिलना
नहीं पीहर तो बाबुल की चौखट पे मिलना
नाम ले-ले के गजरे चमेली के हार
ना बाबा ना कोई देख लेगा...

चाहे पल-पल जिया अपनी गोरी से मिलना
कुछ न होइबे तो मेलन में चोरी से मिलना
कोई पूछे तो बोलें दुल्हनिया हमार
ना बाबा ना कोई देख लेगा...

ट्रक ड्राइवर

[1970]

ऐसा इक मेहमान आज घर आया
मुद्दत का अरमान झूम कर गाया
रंगीन धड़कनें जागीं
मीठी उलझने जागीं
दिल मेरा इतराया इठलाया
ऐसा इक मेहमान आज घर आया...

प्यार ने बाज़ू खोले
साँस में ख़ुश्बू डोले
वक़्त है किस क़दर मेहरबाँ
किसे अब होश है
फ़िज़ा मदहोश है
हर इक समाँ
ऐसा इक मेहमान आज घर आया...

कौन ये दिल में झाँके
यूँ शोख़ नज़र से ताके
गाल में भर गईं सुर्ख़ियाँ
चमन से खिल गए
जो दो दिल मिल गए

वो भी जवाँ
ऐसा इक मेहमान आज घर आया...

**

तीखी-तीखी नज़रें
कि छिन गया चैना
देखा जो किसी ने
तो झुक गए नैना
तीखी तीखी नज़रें...

तन पे नशा सा छाया मैं लहराई
हो गई मैं तो जैसे आज पराई
पलकों पे हौले-हौले निंदिया-सी छाई
क्या है किसी को पता
चोरी-चोरी सपनों से
सज गई रैना
देखा जो किसी ने
तो झुक गए नैना
तीखी-तीखी नज़रें...

क्या है नज़र का जादू कोई न जाने
आ गए रे कैसे शोख़ ज़माने
ठहरे न दिल की धड़कन कहना न माने
क्या है किसी को पता
मीठी-मीठी आहों में
खो गए बैना
देखा जो किसी ने
तो झुक गए नैना
तीखी-तीखी नज़रें...

रामू उस्ताद

[1971]

पिया पिया पिया
मोरा मन प्यासा रे
मोहे गरवा तो लगा जा हो
हो पिया ऐसा भी क्या
ज़ुल्मवा
पिया पिया पिया...

छलके जोबनवा जवाँ
काहे देखे-देखे ना
होंठ रस में ढले नैन मदिरा पिए
सारे अंगों का जादू है तोरे लिए
पिया पिया पिया...

चंचल नज़र की ज़ुबाँ
काहे जाने-जाने ना
हाय इतना ना तरसा कि कहना पड़े
मोहे बाँहों में ले ले तो चैना पड़े
पिया पिया पिया...

**

आया कैसा ज़माना
ओ बाबा कैसा ज़माना
दुनिया में बुराई फले ओ बाबा
कोई न भलाई चले ओ बाबा
आया कैसा ज़माना...

धन के पुजारी हिर्स के बन्दे
छुप के चलाएँ काले धंधे
आधी रोटी फटी लँगोटी
अपनी क़िस्मत खोटी
मज़ा करें वो जिनकी
अक़्लें छोटी तोंदें मोटी
आया कैसा ज़माना...

धर्म से नाता तोड़ के बैठे
सत्य-अहिंसा छोड़ के बैठे
जानें घाटे बोय ये काँटे
कोई न दुःख-सुख बाँटे
कोई जो हमको डाटे
उसको काला कुत्ता काटे
आया कैसा ज़माना...

प्रेम पर्वत

[1973]

ये दिल और उनकी निगाहों के साये
मुझे घेर लेते हैं बाँहों के साये
ये दिल और...

पहाड़ों को चंचल किरण चूमती है
हवा हर नदी का बदन चूमती है
यहाँ से वहाँ तक हैं चाहों के साये
ये दिल और...

लिपटते ये पेड़ों से बादल घनेरे
ये पल-पल उजाले ये पल-पल अँधेरे
बहुत ठंडे-ठंडे हैं राहों के साये
ये दिल और...

धड़कते हैं दिल कितनी आज़ादियों से
बहुत मिलते-जुलते हैं इन वादियों से
मुहब्बत के रंगीं पनाहों के साये
ये दिल और...

**

रात पिया के संग जागी रे सखी
चैन पड़ा जो अंग लागी रे सखी
रात पिया के संग...

सैंया जी ने जादू फेरा
बाँहों का डाला घेरा
करके ज़रा अँधेरा
अँचरा जो खैंचा मेरा
गोद पिया की तंग लागी रे सखी
चैन पड़ा जो अंग लागी रे सखी
रात पिया के संग...

सैंया जी ने डाका डाला
उलझा लटों में बाला
बिखरी गले की माला
भड़की बदन की ज्वाला
देह धनुष रंग लागी रे सखी
चैन पड़ा जो अंग लागी रे सखी
रात पिया के संग...

गजरा सुहाना टूटा
कजरा नयन का छूटा
तब तन गया रे झूटा
जितना सताया लूटा
और भी आके अंग लागी रे सखी
तन की छुपी तो रंग जागी रे सखी
चैन पड़ा जो अंग लागी रे सखी
रात पिया के संग...

निगाहों के साये

परिणय

[1974]

हर तन में कवि
हर मन में कवि
जब ग़म के दीप जले लगते
ऐसे में बता तुझे हाय रे हाय
क्यूँ प्रीत के गीत भले लगते
कवि रे कवि रे
ओ कवि रे...

जब पग-पग अपनी धरती पर
अंधकार ने डाले हों डेरे
इक मुट्ठी भर दानों के लिए
जब मरते बालक बहुतेरे
जब रात-दिना हर धन वाला
जीवन से ग़रीबों के खेले
जब जीना इक अपराध लगे
जब मानव दुःख पर दुःख झेले
ऐसे में बता तुझे हाय रे हाय
क्यूँ प्रीत के गीत भले लगते
कवि रे कवि रे
ओ कवि रे...

अलबेली

[1974]

बार-बार मेरा प्यार
मुझे पूछ रहा दिलदार
कि ऐसा तुझमें क्या है
क्या है जो मेरा चैन गया है
बार-बार मेरा प्यार...

मैंने देखा है जब से
तुझको चाहा है तब से
और मेरे फ़साने में कुछ भी नहीं
मुझको इतना पता है
तुझमें ऐसी अदा है
नाम जिसका ज़माने में कुछ भी नहीं
फिर कैसे मैं समझाऊँ
और कैसे मैं बतलाऊँ
कि ऐसा तुझमें क्या है
क्या है जो मेरा चैन गया है
बार-बार मेरा प्यार...

ये उजाला बदन का
चाँद जैसे गगन का

कैसे लफ़्ज़ों में ये धूप ढल पाएगा
मैं जो गाना भी चाहूँ
गुनगुनाना भी चाहूँ
गीत मेरा अधूरा-सा रह जाएगा
फिर कैसे मैं समझाऊँ
और कैसे मैं बतलाऊँ
कि ऐसा तुझमें क्या है
क्या है जो मेरा चैन गया है
बार-बार मेरा प्यार...

आईना

[1974]

जाने क्या हो जाए
जब दिल से दिल टकराए
सच है पहले-पहले लगता है डर हो ओ ओ ओ
पहले दिल घबराए
फिर ऐसा जादू छाए
दिल को रह ना जाए दिल की ख़बर हो ओ ओ ओ
जाने क्या हो जाए...

छलकें बदन से कलियाँ गुलाब की
कोई मिसाल क्या तेरे शबाब की
पाएगा क्या तू हर भेद खोल के
आँखों से नाप के नज़रों में तोल के
जाने क्या हो जाए...

नज़रें मिला के चाहे तो झूम ले
जुल्फ़ों को भूल जा ख़ुशबू को चूम ले
महके जवानी बाँहों के हार में
रह जाएँ होश क्यूँ चढ़ती बहार में
पहले दिल घबराए
फिर ऐसा जादू छाए

दिल को रह ना जाए दिल की ख़बर हो ओ ओ ओ
जाने क्या हो जाए...

**

कहो तो आज बोल दूँ
मैं सारे भेद खोल दूँ
कि दुल्हा शरमाए
रंग उड़-उड़ जाए
कहो तो आज बोल दूँ...

मुझको मालूम है सब
ढंग इसके हैं अजब
कभी झाँके ये इधर
कभी ताके ये उधर
हर हसीना पे मरे
रूप क्या-क्या न भरे
लाख नादान लगे
मुझको शैतान लगे
कहो तो आज बोल दूँ...

इतना भूका है कि बस
मुझको आता है तरस
इसके मन भाए सभी
जो मिले खाए सभी
चाहे जूठा ही मिले
सबका थूका ही मिले
ये कहाँ तक है गिरा
मुँह न खुलवाओ मेरा
कहो तो आज बोल दूँ...

पूछो दुल्हा से ज़रा
क्यूँ है ग़ुस्से में भला
ऐसी क्या मैंने कही
तीर बन के जो लगी
क्यूँ झुकी जाए नज़र
क्यूँ पसीने में है तर
इसकी बातें मैं सभी
कह देती हूँ अभी
कहो तो आज बोल दूँ...

**

धरती हँसती रे
छलके मस्ती रे
रंग हँसे रूप हँसे
कली-कली पे धूप हँसे
हर बार मैं भी हँसती रे
धरती हँसती रे...

धरती और अम्बर के द्वार
यौवन हँसता बारम्बार
सूरज पिघले अँगना बीच
बरसे चन्दा बन के प्यार
हँसते-गाते मौसम छाये
बस्ती बस्ती रे
मैं भी हँसती रे
धरती हँसती रे...

क्वाँरी आँचल को ढलकाए
बालक जैसी हँसती जाए
दुनिया रोके-टोके लाख
छनके चूड़ी कंगना गाए

पल-पल देखो हँसती पायल
दिल को डसती रे
मैं भी हँसती रे
धरती हँसती रे...

हँस के जी ले ओ नादान
हँसना जीने की पहचान
ऐसा लगता चारों ओर
ख़ुद भी हँसता है भगवान
ख़ुशियाँ दिल की जितनी महँगी
उतनी सस्ती रे
मैं भी हँसती रे
धरती हँसती रे...

प्यासे दिल

[1974]

तुम महकती जवाँ चाँदनी हो
चलती-फिरती कोई रोशनी हो
रंग भी रूप भी रागिनी भी
जो भी सोचूँ तुम्हें तुम वही हो
तुम महकती जवाँ...

नर्म आँचल से छनती ये ख़ुशबू
मेरे हर ख़्वाब पर छा गई है
जब भी तुम पर निगाहें पड़ी हैं
दिल में एक प्यास लहरा गई है
तुम तो सचमुच छलकती नदी हो
चलती-फिरती कोई रोशनी हो
रंग भी रूप भी रागिनी भी
जो भी सोचूँ तुम्हें तुम वही हो
तुम महकती जवाँ...

जब से देखा है चाहा है तुमको
ये फ़साना चला है यहीं से
कब तलक दिल भटकता रहेगा
माँग लूँ आज तुमको तुम्हीं से

तुम कि ख़ुद प्यार हो ज़िन्दगी हो
चलती-फिरती कोई रोशनी हो
रंग भी रूप भी रागिनी भी
जो भी सोचूँ तुम्हें तुम वही हो
तुम महकती जवाँ...

**

झुकती घटा हमसे कहे
क्यों ये दिल प्यासा रहे आज हो
ठंडी हवा हमसे कहे
इक नशा छाया रहे आज हो
झुकती घटा...

ये फ़जाएँ मतवाली
डाली-डाली
लिपट कर झूमें
हर घड़ी लगे ऐसे
कोई जैसे
बदन को चूमें
तरसें भी क्यूँ
सोचें भी क्यूँ
जो भी हो होता रहे आज हो
ठंडी हवा...

मैं चलूँ यूँ मचल के
जैसे छलके
नदी मस्तानी
क्यूँ कोई हमें रोके
हमें टोके
करें मनमानी
मौसम जवाँ

बहका समाँ
दिल में दिल डूबा रहे आज हो
झुकती घटा...
ये जवाँ मेरी बाँहें
तुम्हें चाहें
ज़रा रुक जाओ
दिल मेरा कभी काँपे
कभी हाँपे
इधर तो आओ
बाज़ू खुली
साँसें घुली
दिल पे क्यूँ पहरा रहे आज हो
ठंडी हवा

**

सखी री शरमाए दुल्हन सज-बन के
मैं वारी होंठों की लाली पर
फूलों भरी बाली पर
नैनों की प्याली पर
अंगिया की जाली पर
ग़ज़ब करे हाय बदन तन-तन के
सखी री शरमाए...

ख़ुशबू ये हारों की
सोलह सिंगारों की
लागे नजरिया गोरी
तुझको सितारों की
कि पड़ गए शोर तेरे जोबन के
सखी री शरमाए...

बोलो न गोरी से
क्या कहें चोरी से
जल्दी से आए मिले
चन्दा चकोरी से
कि बैठे हर आन सपने साजन के
सखी री शरमाए...

धीरे से आय के
घुँघटा उठाय के
चूमेंगे सजना तुझे
गरवा लगाय के
कि गाए मन-गीत मधुर-मिलन के
सखी री शरमाए...

**

ये दिलनशीं नज़ारे
करते हैं क्या इशारे
ये कौन पर्वतों से
छुपकर मुझे पुकारे
ये दिलनशीं नज़ारे...

वन-वन में गूँजती हैं
किसकी हसीं सदाएँ
दिल की जवाँ उमंगें
रह-रहके चौंक जाएँ
पत्तों से ओढ़ बैठे
कोई मेरे सहारे
ये कौन पर्वतों से
छुपकर मुझे पुकारे
ये दिलनशीं नज़ारे...

फूलों की ओट लेकर
ये कौन मुस्कराए
पल-पल गुज़र रहे हैं
किसके बदन के साये
पैरों के कुछ निशाँ हैं
सचमुच नदी किनारे
ये कौन पर्वतों से
छुपकर मुझे पुकारे
ये दिलनशीं नज़ारे...

सब कुछ लगे फ़साना
सब कुछ लगे कहानी
चेहरे को उसके छूकर
हर सुबह हो सुहानी
उसकी हँसी चुराएँ
रातों के चाँद तारे
ये कौन पर्वतों से
छुपकर मुझे पुकारे
ये दिलनशीं नज़ारे...

आलिंगन

[1974]

हमारे दिल को तुमने दिल बना दिया
तुमने दिल बना दिया
तुम्हारे आगे हमने सर झुका दिया
अपना सर झुका दिया
तुम्हीं ने तो जीने का हौसला दिया
हमको हौसला दिया
तुम्हारी ख़ातिर जो भी था लुटा दिया
जो था लुटा दिया
ये हमसे पूछो हमको तुमने क्या दिया
दिल को तुमने दिल बना दिया तुमने दिल बना दिया

नज़र खुमार दे गई
अदा बहार दे गई
महक तुम्हारे जिस्म की
तुम्हारा प्यार दे गई
तुम्हीं से ज़िन्दगी मिली
हसीन बेख़ुदी मिली
दिलों में छुप के जो खिली
वो शोख़ चाँदनी मिली

अँधेरे दिल में तुमने दीया जला दिया
दिल को तुमने दिल बना दिया दिल को दिल बना दिया

जो तुम क़रीब आ गए
हज़ार रंग छा गए
बदन में लोच भर गया
तो गाल तमतमा गए
हरेक पल खनक उठा
जवाँ लहू दहक उठा
नज़र छलक-छलक उठी
क़दम बहक-बहक उठा
न जाने तुमने कैसा नशा पिला दिया
दिल को तुमने दिल बना दिया तुमने दिल बना दिया

**

इस तरह जाओ नहीं जाओ नहीं जाओ नहीं
इस तरह जाओ नहीं...

ठहरो-ठहरो तो ज़रा
यूँ न हो जाओ ख़फ़ा
ख़ूबसूरत ही सही
रूठ जाने की अदा
मैंने सोचा भी न था
मान जाओगी बुरा
फूल जो तुमको दिए
कौन सा जुर्म किया
फूल तो मस्त बहारों की निशानी ठहरे
रूप की रंग की ख़ुशबू की कहानी ठहरे
इनको ठुकराओ नहीं
इनको ठुकराओ नहीं जाओ नहीं जाओ नहीं
इस तरह जाओ नहीं...

निगाहों के साये

तुम हसीं और जवाँ
दिल को ले जाऊँ कहाँ
हुस्न से प्यार मुझे
हुस्न हो चाहे जहाँ
पढ़ सको काश कभी
मेरी आँखों की ज़ुबाँ
देखो-देखो तो सही
कितना रंगीं है समाँ
रुक गईं तुम तो समाँ और निखर जाएगा
तुम न ठहरोगी तो हर ख़्वाब बिखर जाएगा
ऐसे तड़पाओ नहीं
ऐसे तड़पाओ नहीं जाओ नहीं जाओ नहीं
इस तरह जाओ नहीं...

**

प्यास थी फिर भी तक़ाज़ा न किया
जाने क्या सोच के ऐसा न किया
सोच के ऐसा न किया...

बढ़के हाथों पे उठा लेना था
तुझको सीने से लगा लेना था
तेरे होंठों से तेरे गालों से
मुझको हर रंग चुरा लेना था
जाने क्या सोच के ऐसा न किया
सोच के ऐसा न किया...

हाथ आँचल से जो टकरा जाता
एक रंगीन नशा छा जाता
तेरे सीने पे खुली ज़ुल्फ़ों को
चूम लेता तो क़रार आ जाता

जाने क्या सोच के ऐसा न किया
सोच के ऐसा न किया...

**

Come On Boys, Let's Enjoy Life
Come On Come On Every Body Sing With Me

चिलम का एक दम
बस एक दम सिर्फ़ एक दम
भुला देता है सारी ज़िन्दगी के ग़म
लगा ले दम पे दम
कहाँ के रंज-ओ-ग़म
ज़माना हमसे है
ज़माने से नहीं हम
चिलम का एक दम...

नशीला ये धुआँ
उड़ा कर देख ले
नया इक आसमाँ
बना कर देख ले
निराला इक जहाँ
बसा कर देख ले
जवाँ जादू है ये
जगा कर देख ले
बहकने दे ज़रा यूँ ही ज़रा अपने क़दम
चिलम का एक दम...

वफ़ा की इश्क़ की
ज़रूरत कुछ नहीं
बदन की आग है
मुहब्बत कुछ नहीं

बनावट के सिवा
शराफ़त कुछ नहीं
ये झूठे वहम हैं
हक़ीक़त कुछ नहीं
निगाहों पर तेरी खुल जाएगा सबका भरम
चिलम का एक दम...

रिवाजों पर न जा
इन्हें झुठलाए जा
ये दुनिया भूल जा
इसे ठुकराए जा
नशा बढ़ता रहे
यूँ ही लहराए जा
जो तेरे दिल में है
उसे अपनाए जा
ज़माना कुछ नहीं कुछ भी नहीं सब कुछ हैं हम
चिलम का एक दम...

संध्या

[1975]

कब तेरे हुस्न से इनकार किया है मैंने
ज़िन्दगी तुझको बहुत प्यार किया है मैंने

मुस्कराती है कभी आँख में काजल बनके
किसी सीने में धड़क उठती है आँचल बनके
कभी फूलों के कटोरों-से छलक जाती है
कभी शोले कभी शबनम-सी लपक जाती है
कैसे-कैसे तेरा दीदार किया है मैंने
ज़िन्दगी तुझको बहुत प्यार किया है मैंने

तू ही इक रंग हर इक शय में नज़र आती है
रौशनी बनके सितारों से उतर आती है
तेरे जादू तेरी ख़ुशबू तेरी मुस्कानों को
तेरे मचले हुए उमड़े हुए तूफ़ानों को
अपनी साँसों में गिरफ़्तार किया है मैंने
ज़िन्दगी तुझको बहुत प्यार किया है मैंने

तुझको चाहा तो मगर कोई तक़ाज़ा न किया
मैंने भूले से तेरे प्यार को रुसवा न किया

तू बता मैंने कभी तुझसे चुराईं आँखें
तेरे चेहरे से कहाँ मैंने हटाईं आँखें
ख़ुद को कब तेरा गुनहगार किया है मैंने
ज़िन्दगी तुझको बहुत प्यार किया है मैंने

आन्दोलन

[1975]

पाँच रुपैया दे दे बलमवा मेला देखन जाऊँगी
पाँच आने की पाव जलेबी बैठ सड़क पे खाऊँगी
पाँच रुपैया...

मोपे खिले गोटा-गरी
मोपे खिले चुनरी हरी
गोरे गली लागे भली
चम्पाकली मोती भरी
बिछुवे भी लूँगी
कँगनवा भी लूँगी
तोहे पहनूँ बलमवा रिझाऊँगी
पाँच रुपैया दे दे बलमवा मेला देखन जाऊँगी
पाँच रुपैया...

अच्छा चार रुपैया दे दे बलमवा मेला देखन जाऊँगी
पाँच आने की पाव जलेबी बैठ सड़क पे खाऊँगी
अरे चार रुपैया...

कजरा लगा गजरा सजा
बन-ठन के मैं कब से खड़ी

चंचल जिया ललचे मोरा
मैं का करूँ घर पे पड़ी
चम्पा भी जाए चमेली भी जाए उन संग मैं भी हो आऊँगी
चार रुपैया दे दे बलमवा मेला देखन जाऊँगी
अरे चार रुपैया दे दे...

बस दो ही रुपैया दे दे बलमवा मेला देखन जाऊँगी
पाँच आने की पाव जलेबी बैठ सड़क पे खाऊँगी
अरे दो ही रुपैया दे दे...

तोरी क़सम काहूँ से भी
नैना न मैं लड़ाऊँगी
बस दो घड़ी चक्कर लगा
साँझ ढले आ जाऊँगी
लौटूँगी जब घर बजरिया से थककर पइयाँ तोरे सो जाऊँगी
दो ही रुपैया दे दे बलमवा मेला देखन जाऊँगी
पाँच आने की पाव जलेबी बैठ सड़क पे खाऊँगी
दो ही रुपैया दे दे...

सज्जो रानी

[1976]

सैंया के गाँव में
तारों की छाँव में
बनके दुल्हनियाँ जाऊँगी
पहने पायलिया
गोरे की अंगिया
ख़ुद से भी शरमाऊँगी
सैंया के गाँव में...

सासु खड़ी घड़ी-घड़ी मोरा घुँघटा उठाए
देखे मोहे जिया भरे कहाँ बलिहारी जाए
बोले ससुर बड़ी परी बहू हम चुनके लाए
होके मगन अजी ख़ुशी-ख़ुशी मोती लुटाए
कहवे ननदिया
भाभी को भइया
मैं तो चुरा ले जाऊँगी
सैंया के गाँव में...

मोरे भारी रेशम के जोड़े
पल-पल खनके चाँदी के तोड़े
बाला देवरा पीछा न छोड़े

अचरा खींचे बइयाँ मरोड़े
कहवे जेठानी
मैं तोहे रानी
सोने के झुमके लाऊँगी
सैंया के गाँव में...

लाई मोरे पिया तोरे लिए बाला जोबन रे
काली लटें मोरी भरा-भरा गोरा बदन रे
गरवा मोहे लगा-लगा पिया भर दीजौ मन रे
प्यारी न मैं रहूँ क़सम तोहे मोरे सजन रे
कितना सतावे
जितना थकावे
उतनी मैं वारी जाऊँगी
सैंया के गाँव में...

**

नथनिया ने हाय राम बड़ा दुःख दीना

जब मैं हो गई चौदह बरस की
लोगों ने पीछा मोरा कीना
नथनिया ने हाय राम बड़ा दुःख दीना...

जब मैं हो गई पन्द्रह बरस की
चलते दुपट्टा मोरा छीना
नथनिया ने हाय राम बड़ा दुःख दीना...

जब मैं हो गई सोलह बरस की
गोदी में मोहे भर लीना
नथनिया ने हाय राम बड़ा दुःख दीना...

**

दिल है हाज़िर लीजिए ले जाइए
और क्या-क्या चाहिए फ़रमाइए

प्यार धोका है तो धोका ही सही
चाहता है दिल कि धोका खाइए

हमको अपुना इम्तहाँ मंज़ूर है
और भी तरसाइए तड़पाइए

इश्क़ वालों का मुक़द्दर है यही
आप अपनी आग में जल जाइए

ना मिलेंगे आप अच्छी बात है
जीने वाले जी ही लेंगे जाइए

ढूँढ़ ही लेंगे कोई अपना ख़ुदा
कब तलक पत्थर से सर टकराइए

शंकर हुसैन

[1977]

आप यूँ फ़ासलों से गुज़रते रहे
दिल से क़दमों की आवाज़ आती रही
आहटों-सी अँधेरे चमकते रहे
रात आती रही रात जाती रही
आप यूँ...

गुनगुनाती रहीं मेरी तनहाइयाँ
दूर बजती रहीं कितना शहनाइयाँ
ज़िन्दगी-ज़िन्दगी को बुलाती रही
आप यूँ...

क़तरा-क़तरा पिघलता रहा आसमाँ
रूह की वादियों में न जाने कहाँ
इक नदी दिलरुबा गीत गाती रही
आप यूँ...

आपकी गर्म बाँहों में खो जाएंगे
आपके नर्म शानों पे सो जाएँगे
मुद्दतों रात नींदें चुराती रहीं
आप यूँ...

दो शिकारी

[1978]

सजना डराती हैं ये तन्हाई की राहें
आ जा तरसती हैं मेरी प्यासी निगाहें
सजना डराती हैं...

चाँद क्यूँ ज़र्द है
रात पे दर्द है
काँपता है बदन
कुछ हवा सर्द है
आ जा कि तेरी हैं मेरी बेचैन बाँहें
आ जा तरसती हैं मेरी प्यासी निगाहें
सजना डराती हैं...

प्यार की बात है
गुनगुनाएँगे हम
जागती रात है
क्यूँ न आएँगे हम
कह दो ये चन्दा से छुपा लें वो निगाहें
आ जा तरसती हैं मेरी प्यासी निगाहें
सजना डराती हैं...

रात अभी तू न ढल
अय हवा यूँ न चल
नींद की झील में
खिल रहा है कँवल
दिल तो ये कहता है तुझे जी भर के चाहें
आ जा तरसती हैं मेरी प्यासी निगाहें
सजना डराती हैं...

**

ज़िन्दगी अय ज़िन्दगी
हमसे मत कर दिल्लगी
हुस्न की महफ़िल में हम क्यूँ
बन गए हैं अजनबी
ज़िन्दगी अय ज़िन्दगी...

नाचती हैं हुस्न की परछाइयाँ
ले रही हैं आरज़ू अँगड़ाइयाँ
मेरे हिस्से में हैं क्यूँ तनहाइयाँ
सूनी-सूनी क्यूँ मेरे दिल की गली
ज़िन्दगी अय ज़िन्दगी...

जगमगाती जागती जंगल की रात
गुनगुनाती नाचती आँचल की रात
दिल में उतरी है मेरे हलचल की रात
जैसे महफ़िल में किसी की है कमी
ज़िन्दगी अय ज़िन्दगी...

फूल से चेहरे ये बाँहों के चमन
झूमते हैं लहलहाते से बदन
बस हमीं भूले हैं जीने का चलन
बस हमीं से क्यूँ है तेरी दुश्मनी
ज़िन्दगी अय ज़िन्दगी...

चम्बल की रानी

[1979]

आँख झुकती है लहू तन में खनक जाता है
वो जो ताके है तो दिल मेरा धड़क जाता है
ऐसी नजरिया
मारे सँवरिया
नस-नस दौड़ी
जाए बिजरिया
ऐसी नजरिया...

आँख मिले तो डर-डर जाऊँ
लाज के मारे मर-मर जाऊँ
अंग मोरे लिपटी
जाए चुनरिया
ऐसी नजरिया...

रूप की चाँदी रह-रह खनके
पागल पायल पाँव में छनके
टूट के बरसे
जैसे बदरिया
ऐसी नजरिया...

प्यार में कोई फेर न कीजो
कोई बड़ा अंधेर न कीजो
साथ चलूँगी
तोरी अटरिया
ऐसी नजरिया...

**

ये बेकसी के अँधेरे ज़रा तो ढलने दे
बुझा न दे मेरे दिल का चराग़ जलने दे

ख़ुद अपनी आग में जलना मेरा मुक़द्दर है
मैं एक शम्मा हूँ पल-पल मुझे पिघलने दे

ये भटकी-भटकी जवानी ये डगमगाए क़दम
सँभल तो जाऊँ ज़माना अगर सँभलने दे

न सुन सके तो यहीं ख़त्म ज़िक-ए-ग़म कर दूँ
जो सुन सके तो मेरी दास्तान चलने दे

नूरी

[1979]

नूरी नूरी
आ जा रे ओ दिलबर जानिया
आ जा रे
आ जा रे ओ मेरे दिलबर आ जा
दिल की प्यास बुझा जा रे
आ जा रे
नूरी नूरी...

उजला-उजला नर्म सवेरा
रूह में मेरी झाँके
प्यार से पूछे कौन बसा है
तेरे दिल में आके
आ जा रे
आ जा रे ओ मेरे दिलबर आ जा
तू ही आके बता जा रे
आ जा रे
नूरी नूरी...

दर्द जगाए मीठा-मीठा
अरमाँ जागे-जागे

प्यार की प्यासी मैं दीवानी
कुछ न सोचूँ आगे
आ जा रे
आ जा रे ओ मेरे दिलबर आ जा
फिर से आस बँधा जा रे
आ जा रे
नूरी नूरी...

शाम सुहानी महकी-महकी
ख़ुशबू तेरी लाए
पास कहीं जब कलियाँ चटकें
मैं जानूँ तू आए
आ जा रे
आ जा रे ओ मेरे दिलबर आ जा
मुझमें आन समा जा रे
आ जा रे
नूरी नूरी...

दूर नहीं मैं तुझसे साथी
मैं तो सदा से तेरी
एक नज़र जब तुझको देखूँ
जागे क़िस्मत मेरी
आ जा रे
आ जा रे ओ मेरे दिलबर आ जा
फिर से आस बँधा जा रे
आ जा रे
नूरी नूरी...

**

चोरी-चोरी कोई आए
चुपके-चुपके सबसे छुपके

ख़्वाब कई दे जाए
चोरी-चोरी कोई आए...

आँखें डाले आँखों में
जाने मुझसे क्या वो पूछे
मैं जो बोलूँ बोलूँ क्या
हँस दूँ मुझको कुछ न सूझे
ऐसे ताके दिल में झाँके
साँस मेरी रुक जाए
चोरी-चोरी कोई आए...

मीठे-मीठे बोलों से
दिल पे ऐसा जादू डाले
खोई-खोई जाऊँ मैं
जो भी चाहे मनवा ले
मुझको चूमे दिल तो झूमे
आँख मगर झुक जाए
चोरी-चोरी कोई आए...

बैठी-बैठी सोचूँ मैं
वो तो चल दें मुझको डस के
मुझको मार डाले ना
अपने बाज़ुओं में कसके
दिल जो धड़के ऐसे धड़के
एक नशा छा जाए
चोरी-चोरी कोई आए...

**

क़सम है यार तेरी तेरे यारों को मज़ा आया
ये तेरा जज़्ब-ए-दिल था कि दिलबर ख़ुद खिंचा आया

निगाहों के साये

सभी तपते रहे दिल में सभी जलते रहे दिल में
जहाँ तकता रहा माशूक़ बाँहों में चला आया
तो मतलब ये हुआ
कि आशिक़ हो तो
कि आशिक़ हो तो ऐसा हो
कि आशिक हो तो ऐसा हो
कि आशिक़ कि आशिक़ कि आशिक़ आशिक़ आशिक़ आशिक़
आशिक़ हो तो ऐसा हो
कि आशिक़ हो तो ऐसा हो...

दिल को दिलदार मिला
प्यार को प्यार मिला
आँख से आँख मिली
तार से तार मिला
इश्क़ को आज कोई
नाज़ बरदार मिला
हर तवज्जोह के लिए
हुस्न तैयार मिला
हुस्न मशहूर है इनाम-ए-वफ़ा देने को
अपना सब कुछ किसी आशिक़ पे लुटा देने को
इश्क़ इक गुल से सजा लेता है गुलदान अपना
सिर्फ़ एक फूल से भर लेता है दामन अपना
कि आशिक़ हो तो
हाँ कि दिलबर हो तो
ना ना ना कि आशिक़ हो तो ऐसा हो
कि दिलबर हो तो ऐसी हो
कि आशिक़ कि आशिक़ कि आशिक़ आशिक़ आशिक़ आशिक़
आशिक़ हो तो ऐसा हो
कि दिलबर कि दिलबर कि दिलबर दिलबर दिलबर दिलबर
दिलबर हो तो ऐसी हो
कि दिलबर हो तो ऐसी हो...

हाय
सिर्फ़ आहें जो भरे उसको आशिक़ न कहो
दूर से प्यार करे उसको आशिक़ न कहो
ग़म में चुपचाप मरे उसको आशिक़ न कहो
जो ज़माने से डरे उसको आशिक़ न कहो

सामना इसमें हर इक आन है बेदर्दों का
इश्क़ पेशा है मेरी जान जवाँ मर्दों का
इसपे मरते हैं कोई हर्फ़ न आने पाए
हाथ से दामन-ए-महबूब न जाने पाए
कि आशिक़ हो तो
अरे जा कि दिलबर हो तो
आ आ आ कि आशिक़ हो तो ऐसा हो
कि दिलबर हो तो ऐसी हो
जैसे मजनूँ जैसे फ़रहाद जैसे महिवाल राँझे जैसा
आशिक़ हो तो ऐसा हो हाँ
जैसी लैला जैसी शीरीं जैसी सोहनी हीर जैसी
दिलबर हो तो ऐसी हो
कि दिलबर हो तो ऐसी हो...

हम तो ये जानते हैं यार के यार हैं हम
आज़मा हमको कभी प्यार ही प्यार हैं हम
जान देने के लिए तुझपे तैयार हैं हम
हम कोई ग़ैर नहीं तेरे ग़मख़्वार हैं हम
हुस्नवाले कोई जादू-सा जगा देते हैं
यार दो रोज़ में यारों को भुला देते हैं
बात जब है कि नशा इश्क़ का तारी भी रहे
हुस्न से प्यार रहे यारों से यारी भी रहे
यारों से यारी भी रहे यारों से यारी भी रहे
यारों से यारों से यारी भी रहे
कि आशिक़ हो तो
जा जा जा कि दिलबर हो तो

निगाहों के साये

कि कि कि कि कि कि आशिक़ हो तो ऐसा हो
कि दिलबर हो तो ऐसी हो
कि आशिक़ कि दिलबर कि आशिक़ दिलबर आशिक़ दिलबर
आशिक़ हो तो ऐसा हो
कि दिलबर हो तो ऐसी हो...

रज़िया सुल्तान

[1983]

अय दिल-ए-नादाँ
आरज़ू क्या है
जुस्तजू क्या है
अय दिल-ए-नादाँ...

हम भटकते हैं
क्यूँ भटकते हैं
दश्त-ओ-सहरा में
ऐसा लगता है
मौज प्यासी है
अपने दरिया में
कैसी उलझन है
क्यूँ ये उलझन है
एक साया-सा
रू ब रू क्या है
अय दिल-ए-नादाँ...

क्या क़यामत है
क्या मुसीबत है
कह नहीं सकते

किसका अरमाँ है
ज़िन्दगी जैसे
खोई-खोई है
हैराँ-हैराँ है
ये ज़मीं चुप है
आसमाँ चुप है
फिर ये धड़कन-सी
चारसू क्या है
अय दिल-ए-नादाँ...

ऐसी राहों में
कितने काँटे हैं
आरज़ूओं ने
हर किसी दिल को
दर्द बाँटे हैं
कितने घाइल हैं
कितने बिस्मिल हैं
इस ख़ुदाई में
एक तू क्या है
अय दिल-ए-नादाँ...

**

ख़ुदा ख़ैर करे
आई ज़जीर की झंकार ख़ुदा ख़ैर करे
दिल हुआ किसका गिरिफ़्तार ख़ुदा ख़ैर करे
आई ज़जीर की...

जाने ये कौन मेरी रूह को छूकर गुज़रा
एक क़यामत हुई बेदार ख़ुदा ख़ैर करे
आई ज़जीर की...
लम्हा-लम्हा मेरी आँखों में खींची जाती है

एक चमकती हुई तलवार ख़ुदा ख़ैर करे
आई ज़ंजीर की..

**

चूमकर रात सुलाएगी तो नींद आएगी

ख़्वाब बनकर कोई आएगा तो नींद आएगी
अब वही आके सुलाएगा तो नींद आएगी
ख़्वाब बनकर कोई आएगा...

बात जो सिर्फ़ निगाहों से कही जाती है
कोई होंठों से सुनाएगा तो नींद आएगी
ख़्वाब बनकर कोई आएगा...

नर्म ज़ुल्फ़ों की महक गर्म बदन की ख़ुशबू
चुपके-चुपके वो चुराएगा तो नींद आएगी
ख़्वाब बनकर कोई आएगा...

जिस्म हाथों की हरारत से पिघल जाएगा
आग रग-रग में लगाएगा तो नींद आएगी
ख़्वाब बनकर कोई आएगा...

हम हैं राही प्यार के

[अप्रदर्शित]

बड़ी मुश्किल है बड़ी मुश्किल है
तुम्हें भूल जाना तुम्हें भूल जाना
बड़ा संगदिल है बड़ा संगदिल है
ये ज़ालिम ज़माना ये ज़ालिम ज़माना
बड़ी मुश्किल है...

ज़माना वफ़ा की सज़ा दे रहा है
सज़ा दे रहा है
तुम्हें दिल तड़पकर सदा दे रहा है
सदा दे रहा है
बने हम निशाना ज़रा देख जाना
बड़ी मुश्किल है...

वो ही आग अब तक लगी है जिगर में
लगी है जिगर में
तुम्हारी ही सूरत बसी है नज़र में
बसी है नज़र में
किया हर बहाना मगर दिल न माना
बड़ा संगदिल है बड़ा संगदिल है

ये ज़ालिम ज़माना ये ज़ालिम ज़माना
बड़ी मुश्किल है...

कहाँ ले के जाएँ ये आँसू ये आहें
ये आँसू ये आहें
निबाहें तो कैसे मुहब्बत निबाहें
मुहब्बत निबाहें
सदा ज़ख़्म खाना मगर मुस्कराना
बड़ी मुश्किल है...

**

ज़िन्दगी हसीन है ज़िन्दगी से प्यार कर
ज़िन्दगी से प्यार कर
फूल हों कि ख़ार हों तू सभी से प्यार कर
तू सभी से प्यार कर
ज़िन्दगी हसीन है...

राग रंग रौशनी इस चमन में क्या नहीं
कौन-सी खुशी नहीं कौन-सा नशा नहीं
दिल में हो जो हौसला ग़म भी दे मज़ा नहीं
मस्तियों में डूब जा बेख़ुदी से प्यार कर
ज़िन्दगी हसीन है...

आँख उठा तुझे अगर ख़ुद पे ऐतबार है
सुबह दिलनशीन है शाम पुरबहार है
हर समाँ तेरे लिए कबसे बेक़रार है
धूप को गले लगा चाँदनी से प्यार कर
ज़िन्दगी हसीन है...

हर क़दम पर सौ दीये जल रहे हैं राह में
एक न एक बात है हर जवाँ निगाह में

ज़िन्दगी को सौंप दे इश्क़ की पनाह में
दिल पुकारने लगे हर किसी से प्यार कर
ज़िन्दगी हसीन है...

**

सन सन सन चले पवन

क्या ढूँढ़े क्या माँगे तेरा मन
क्या कोई सजन
हट
सन सन सन चले पवन...

किसके मिलन को नदिया जाती
झूमती गाती सौ बलखाती
आए क्यूँ मुझे जलन
क्या ढूँढ़े क्या माँगे तेरा मन
क्या कोई सजन
धत्
सन सन सन चले पवन...

मैं नहीं जानूँ दिल क्यूँ धड़के
आग-सी ये क्या मन में भड़के
पल-पल क्यूँ जले बदन
क्या ढूँढ़े क्या माँगे तेरा मन
क्या कोई सजन
हट
सन सन सन चले पवन...

ए री सखी मैं तुझसे पूछूँ
मैं ये पहेली कैसे बूझूँ

होता क्या पिया मिलन
क्या ढूँढ़े क्या माँगे तेरा मन
क्या कोई सजन
चल भाग
सन सन सन चले पवन...

मर्डर आन हायवे

[अप्रदर्शित]

वो जो आँखों से पिला दे तो मज़ा आ जाए
और भी आग लगा दे तो मज़ा आ जाए
वो जो आँखों से...

मेरी गुस्ताख़ निगाहों से इशारा पाकर
हाथ चुपके से दबा दे तो मज़ा आ जाए
वो जो आँखों से...

उम्र भर के लिए बाँहों में गिरफ़्तार रखे
इस तरह मुझको सज़ा दे तो मज़ा आ जाए
वो जो आँखों से...

हमारी कहानी

[अप्रदर्शित]

देश हमारा एक है एक है एक है
भारत सारा एक है ये भारत सारा एक है
देश हमारा एक है...

धरती है ये गौतम की
वीर अशोके आज़म की
धरती है ये चिश्ती की
नानक मीरा तुलसी की
धरती है ये बापू की
अपने प्यार नेहरू की
अपना नारा एक है
देश हमारा एक है...

बसती ये मधुमास की है
सदियों के इतिहास की है
कोई न ऊँचा-नीचा है
बाग़ ये सबने सींचा है
ये जो तिरंगा परचम है
तहज़ीबों का संगम है

अपना नारा एक है
देश हमारा एक है...

सूबों की दीवार है क्या
भाषा की तकरार है क्या
दीन धरम की बात है क्या
ज़ातों की औक़ात है क्या
देश धरम से ऊँचा है
हमने जिसको पूजा है
अपना नारा एक है
देश हमारा एक है...

जब भी कोई वक़्त कड़ा
अपने वतन पे आन पड़ा
जान को हमने वारा है
दुश्मन को ललकारा है
कितने तूफ़ाँ टाले हैं
देश के हम रखवाले हैं
अपना नारा एक है
देश हमारा एक है...

अहद करते हैं हम इस तिरंगे तले
खा रहे हैं क़सम इस तिरंगे तले
एक हो जाएँगे हम वतन के लिए
देंगे अपना लहू तक चमन के लिए
अपना आदर्श हरगिज़ न छोड़ेंगे हम
वास्ता अपना मेहनत से जोड़ेंगे हम
राह की हर रुकावट से टकराएँगे
खून पीते इजारे न रह पाएँगे
अपनी धरती को जन्नत बनाएँगे हम
हिन्द में इक नया दौर लाएँगे हम

अहद करते हैं हम इस तिरंगे तले
अहद करते हैं हम इस तिरंगे तले
अहद करते हैं हम इस तिरंगे तले
अहद करते हैं हम इस तिरंगे तले

अपनों की निगाहों में

सारे अच्छे बेटे अपने बाप से बग़ावत करते हैं

—जावेद अख़्तर से विजय अकेला की बातचीत

विजय अकेला : किस तरह याद करते हैं अपने पिता जाँ निसार अख़्तर को?

जावेद अख़्तर : देखिए, अब एक बेटा बाप को कैसे याद करेगा? लेकिन वे पिता होने के अलावा एक शायर भी थे तो मुझे वे एक शायर की हैसियत से भी याद आते हैं और मुझे कई ऐसे पल याद आते हैं जब उन्होंने मुझसे बैठकर शायरी ही के बारे में बात की थी। उनका जो तजुरबा था, उनकी जो सोच थी शायरी के बारे में, लिखने के बारे में, वे सब बातें बताई थीं। वे सब बातें याद हैं मुझे।

विजय अकेला : क्या आपको रंजिश थी जाँ निसार से कुछ बातों को लेकर?

जावेद अख़्तर : नहीं, रंजिश तो क्या होती है ! उन्होंने मेरे ख़्याल से मेरे ऑटोग्राफ बुक में पर्शियन की एक लाइन लिखी थी किसी मशहूर शायर की जिसका मतलब यह था कि—'जो लोग ख़ुद सोचते हैं वे अपने बड़ों को ज़्यादा ख़ुश नहीं करते।'...तो आमतौर से तो बड़े ऐसी बातें न बताते हैं बच्चों को, न लिखकर ही देते हैं। वे तो यही कहते और लिखते हैं कि बड़ों की बातें माना करो।

...तो यह जो जेनरेशन के टेंशन हैं वे अपनी जगह पर रहते हैं जिन्हें जेनरेशन गैप कहते हैं।

लेकिन उसके बाद भी ये रिश्ते ऐसे होते हैं कि इनका बन्धन बहुत मज़बूत होता है और इनका सम्बन्ध, इन मुहब्बतों का सम्बन्ध, जो है वह हालात से नहीं है, वह रवैये से भी नहीं है। वह ऐसा है कि आपके ख़ून में घुला हुआ है।

वह रिश्ता, वह मुहब्बत। ऐसा है कि जब तक आप हैं तब तक है। तो उसमें कोई गुंजाइश नहीं होती किसी तरह के बदलाव की।

विजय अकेला : अपने दीवान 'तरकश' में आपने लिखा है कि आपकी अपने अब्बा जाँ निसार अख़्तर से बग़ावत और नाराज़गी थी। सच है?
जावेद अख़्तर : सारे अच्छे बेटे जो होते हैं वे पहले बग़ावत करते हैं। जो कभी बग़ावत न करे उसमें कुछ कमी है।

विजय अकेला : जाँ निसार अख़्तर की किन-किन बातों ने आपको सबसे ज़्यादा मुतास्सिर किया?
जावेद अख़्तर : मेरे ख़याल से उनकी जो सोच थी ज़िन्दगी के बारे में, मुल्क के बारे में, समाज के बारे में और ज़िन्दगी को ख़ूबसूरत देखने की जो एक आरज़ू थी उनमें उसकी मैं इज्ज़त करता हूँ। वे दुनिया को, अपने मुल्क को, अपने लोगों को ख़ुशहाली में देखना चाहते थे। अम्न के साथ। दुनिया में शान्ति की ख़्वाहिश थी, ख़ूबसूरती की ख़्वाहिश थी और यह बहुत अच्छी बात है।

विजय अकेला : 'टॉकिंग फ़िल्म्ज़' में अपने अब्बा जाँ निसार अख़्तर के बारे में बातें करते एक जगह जावेद अख़्तर कहते हैं।
जावेद अख़्तर : 'जब तक मेरी वालिदा ज़िन्दा थीं तब तक उन्होंने हमें कभी ये नहीं महसूस होने दिया कि हमारे वालिद ने हमें छोड़ दिया है। उन्होंने हमें हमेशा अपने वालिद पर नाज़ करना सिखाया क्योंकि वो एक बड़े शायर थे, एक कम्युनिस्ट थे। उन्होंने हमें समझाया कि वो किसी अहम काम की वजह से घर पर नहीं रह पाते, वग़ैरह, वग़ैरह। हम पहले तो एक हीरो की तरह उनकी इबादत करते थे, लेकिन जब हमारी वालिदा गुज़र गईं और हम अपने रिश्तेदारों के साथ रहने लगे तो मुझे ज़रूर अपने वालिद का सलूक काफ़ी खटकने लगा और इसकी वजह से मेरे दिल में एक क़िस्म की नाराज़गी, एक तरह का ग़ुस्सा पैदा हो गया और मेरा रवैया 'भाड़ में जाए' वाला हो गया। लेकिन मैंने कभी इस बात को ज़ाहिर नहीं होने दिया कि मुझे कितनी चोट लगी है। मैंने लोगों से ख़ुशी-ख़ुशी निबाह करने का एक तरीक़ा ढूँढ़ लिया—हो सकता है कि उस वक़्त वो एक ज़रूरी डिफ़ेंस हो लेकिन बाद में ये चीज़ मेरे बहुत काम आई। एक बच्चे के रूप में भी मुझे अपने 'पी.आर.' बहुत अच्छे रखने पड़ते थे और मैं अपने स्कूल के दिनों में भी एक बेहद मक़बूल बच्चा था।

अल्फ़ाज़ और इल्म का ख़ज़ाना

—ख़य्याम

1950-51 का वाक़या है जब मैं जाँ निसार अख़्तर साहब से पहले-पहल कम्यूनिस्ट पार्टी के हेडक्वार्टर में रेड फ़्लैग हॉल में मिला था। यूँ तो मैं इस पार्टी का कोई कार्ड होल्डर नहीं था मगर कम्यूनिज़्म और सोशलिज़्म का दीवाना ज़रूर था।

हेडक्वार्टर में उन दिनों जाँ निसार अख़्तर साहब के अलावा अली सरदार जाफ़री साहब, कैफ़ी आज़मी साहब, मजरूह सुल्तानपुरी साहब, प्रेम धवन साहब, कृष्ण चन्दर साहब, राजेन्द्र सिंह बेदी साहब, ख़्वाजा अहमद अब्बास साहब, इस्मत चुग़ताई साहिबा, शाहिद लतीफ़ साहब, ज़ोय अंसारी साहब और हैदराबाद से कभी-कभी तशरीफ़ लाने वाले मख़्दूम मोहिउद्दीन साहब भी होते थे। सब वहाँ अपनी-अपनी रचनाएँ पेश करते जिनमें किसानों, मज़दूरों और मेहनतकशों के अधिकारों की बातें होतीं।

उस वक़्त नौजवानी थी जाँ निसार अख़्तर साहब की। लेकिन उनका शुमार बड़े शोयरा में होता था। अल्फ़ाज़ और इल्म का ख़ज़ाना था उनमें। याने हर सब्जेक्ट और हर मौज़ू पर गीत लिखने में, नज़्में और ग़ज़लें कहने में माहिर थे वे।

उन दिनों मैं फ़िल्म 'फुटपाथ' में म्यूज़िक दे रहा था। मैंने अख़्तर साहब से कहा, 'इस फ़िल्म में तो मेरे साथ मजरूह साहब और जाफ़री साहब ऑलरेडी हैं। हम किसी और फ़िल्म में साथ-साथ ज़रूर काम करेंगे। हाँ, आप मुझे कुछ अपने कलाम तो दीजिए जिन्हें नॉन-फ़िल्म अलबम के लिए

रिकॉर्ड करूँगा।' और उन्होंने मुझे दो ग़ज़लें दी थीं। एक ग़ज़ल रफ़ी साहब की आवाज़ में रिकॉर्ड हुई थी। बड़ा टॉप सेल था उसका—

पूछ न मुझसे दिल के फ़साने
इश्क़ की बातें इश्क़ ही जाने

एक दूसरी ग़ज़ल भी थी जो इस वक़्त मुझे याद नहीं आ रही है। शायद...

थर थरा उठती है ख़ामोश फ़ज़ा रात गए
कौन देता है ये गलियों में सदा रात गए

थी।

जहाँ तक फ़िल्मों की बात है तो उनका और मेरा साथ पहली दफ़ा 'गुलबहार' में हुआ 1954 में। फिर तो 'शोला और शबनम' (1961), 'हम हैं राही प्यार के' (1971), 'प्यासे दिल' (1974), 'मुट्ठी भर चावल' (1975), 'संध्या' (1975), 'शंकर हुसैन' (1977), 'नूरी' (1979) और 'रज़िया सुल्तान' (1983) जैसी फ़िल्मों में हम संग-संग हुए और हमारा वर्क सराहा गया।

'रज़िया सुल्तान' जब बन ही रही थी तो उनका इन्तक़ाल हो गया था।

ग़ज़ब का सेंस था उनमें राइटिंग का। वे कहानी और सिचुएशन को बख़ूबी समझते थे। एक-एक गीत के लिए कई-कई मुखड़े लिख के लाते थे। और ज़्यादा वक़्त भी नहीं लगता था उनको गीत लिखने में। जो-जो ख़ूबियाँ एक शायर में होनी चाहिए, उनमें थीं। कभी बढ़के और ऊँची गुफ़्तगू ही नहीं की उन्होंने।

पहले वे रहते थे जे.जे. हॉस्पिटल के पास आरकेडिया बिल्डिंग में, बाद में बान्द्रा में शिफ़्ट हो गए थे। मुझे याद है उन दिनों हम 'नूरी' का गीत-संगीत तैयार कर रहे थे। वे सुबह 11 बजे ही घर आ जाते और कहते, 'भई ख़य्याम साहब और जगजीत जी (कौर) हम आ गए हैं।' और फिर वे सुबह से लेकर देर रात तक हमारे ही साथ होते।

बड़े नाज़ुक मिज़ाज के इनसान थे। हमारी कोशिश थी कि उनकी राइटिंग और हमारा म्यूज़िक पहले से अलग और अच्छा हो। 'नूरी' में पहले अज़ीज़ मिर्ज़ा हीरो थे और हीरोइन वहीदा रहमान।

ख़ैर, अच्छे शायर के संग-संग अच्छे मयख़्वार भी थे। काम से निजात पाने के बाद हम शीशे से शीशा भी टकरा लेते थे और सिगरेट भी फूँक लिया करते थे।

अपनी बेगम साहिबा और बच्चों को बहुत चाहते थे वे। सफ़िया भाभी का ज़िक्र अक्सर छेड़ते और कहते कि, 'अपने स्ट्रगल की वजह से मुझसे मेरा परिवार अनदेखा हो रहा है।'

आज सोचता हूँ तो यही लगता है कि आख़िर वे कर ही क्या सकते थे? क्योंकि शायरों में एक मजरूह साहब और दूसरे साहिर साहब के अलावा बाक़ी सबको मुम्बई में रहने के लिए उस दौर में बहुत स्ट्रगल करना पड़ रहा था। खुद जाँ निसार साहब के साले मजाज़ लखनवी का भी हाल बुरा था। अब यह अलग बात है कि मजाज़ और साहिर लुधियानवी में ऐसी गाढ़ी छनती थी कि दोनों हर वक़्त साथ-साथ ही होते थे। पैदल भी इकट्ठे, बस में भी इकट्ठे और गाड़ी में भी इकट्ठे।

सफ़िया भाभी ने जो ख़त अपने शौहर याने जाँ निसार को लिखे थे उनकी एक किताब 'ज़ेर-ए-लब' नाम से आई थी जिसकी एक कॉपी अख़्तर साहब ही ने मुझे दी थी और वह आज भी हमारे पास सुरक्षित है। बहुत अज़्मत वाली थीं भाभी। 'ज़ेर-ए-लब' पढ़ने से एक हिन्दुस्तानी औरत के अधिकारों और कर्तव्यों का पता बड़ी गहराई से चलता है।

जाँ निसार की गुफ़्तगू में उनके बेटे जावेद अख़्तर का ज़िक्र-ए-ख़्याल अक्सर आता था तो सलमान अख़्तर का भी। उनको इल्म था कि उनके बेटे जावेद साहब फ़िल्मी कहानियाँ, स्क्रीन प्ले और डायलॉग में बहुत बड़े मक़ाम पर हैं और वे फ़िल्म जगत पर रूल कर रहे हैं। लेकिन अख़्तर साहब ने यह कभी उम्मीद नहीं की कि मेरा बेटा जावेद अख़्तर मुझे अपने ज़ोर पर कोई फ़िल्म दिलवाए या किसी तरह फ़ाइनेंसियली हेल्प ही करे। हालाँकि एक दफ़ा जाँ निसार साहब ही कमाल अमरोही साहब के पास जावेद साहब को उनके स्ट्रगलिंग फेस में लेकर गए थे और यह कोई ज़िक्र करने की बात नहीं है। हर बाप अपने बेटे की भलाई सोचता है।

मेरी मुसीक़ी की कामयाबी में बहुत ही अहमतरीन भूमिका निभाई थी जाँ निसार साहब की राइटिंग ने। आप ही बताइए 'अय दिल-ए-नादाँ...' क्या ग़ज़ब का गीत नहीं है? यह नग़मा अपने आप में एक रेवोल्यूशन था रेवोल्यूशन। आपको एक बात बताऊँ? सन् 1975 में आई फ़िल्म 'कभी-कभी' तो मुझे बाद में मिली और सन् 1983 में आई फ़िल्म 'रज़िया सुल्तान' पहले और 'कभी-कभी' के सारे गीतों से पहले ही 'अय दिल-ए-नादाँ' रिकॉर्ड हो गया था। इसीलिए मैं ऐसा मानता हूँ कि 'कभी-कभी' की कामयाबी में 'अय दिल-ए-नादाँ' गीत का बड़ा हाथ है। इस गीत के 6-6 मिसरों के लिए कम से कम कुछ नहीं

तो सौ अन्तरे लिखे होंगे जाँ निसार अख़्तर ने। उनको अल्फ़ाज़ और इल्म का ख़ज़ाना मैं यूँ ही नहीं कहता। वे सच्चे मायनों में आलिम और अदीब थे।

मैं उन्हें अख़्तर साहब ही कहकर पुकारता था और वे मुझे ख़य्याम साहब कहकर। आलोचक मुझसे अक्सर पूछते हैं कि 'आपने तो मख़्दूम साहब, कैफ़ी साहब, शहरयार साहब, मजरूह साहब, साहिर साहब और सरदार जाफ़री साहब तक के साथ काम किया है। यह बताइए उनके बीच जाँ निसार साहब कैसे थे?' इसका जवाब मैं कुछ यूँ देता हूँ कि एक तो ये सब बड़े-बड़े शायर हैं और मेरी ख़ुशनसीबी है कि मुझे इन सबके साथ काम करने का मौक़ा मिला। दूसरे, शायरों से शायर की तुलना की ही नहीं जा सकती।

बहुत इल्म था मगर बड़े कम-गो थे जाँ निसार अख़्तर। बड़ी सादी पोशाक पहनते थे वे। ऑलमाइटी गॉड ने हमारा कॉम्बिनेशन किया था जिसके लिए गॉड का मैं शुक्रगुज़ार हूँ।

साबिर दत्त की किताब 'फ़न और शख़्सियत' भी उन्होंने एक बार मुझे प्रज़ेंट की थी और उस पर लिखा था—'मेरी ग़रीबी में मेरा साथ देने वाले ख़य्याम साहब।' यह किताब आज भी मेरे पास है। इस बात का ज़िक्र करके मैं अपने आपको महान नहीं बना रहा। अगर हम अपने दोस्तों ही से उधार न लेंगे, न देंगे तो दोस्ती किस काम की?

एक बार जावेद अख़्तर साहब ने मुझसे पूछा था कि 'ख़य्याम साहब क्या साहिर लुधियानवी के कहने से आपने जाँ निसार अख़्तर के साथ काम करना शुरू किया था।' तो मैंने जवाब दिया था, 'नहीं, बिलकुल नहीं। क्योंकि मेरा और जाँ निसार साहब का काम तो मेरे साहिर के साथ काम करने से पहले से चल रहा था—नॉन फ़िल्म अलबमों की रिकॉर्डिंग के रूप में।'

ख़ैर, जब मैं 'त्रिशूल' का म्यूज़िक डायरेक्टर बना और जावेद अख़्तर सलीम साहब के संग बने स्टोरी, स्क्रीन प्ले और डायलॉग राइटर तो हमने एक बार फिर अपने दोस्त जाँ निसार अख़्तर का हक़ अदा किया।

'आवाज़ दो हम एक हैं...' मेरा और जाँ निसार अख़्तर साहब का एक ग़ैर फ़िल्मी अलबम है। 'मादर-ए-वतन की आबरू पर कोई आँच न आने देंगे'—यही इस गीत का सारांश है। चूँकि महबूब साहब ने इसका पिक्चराइजेशन भी किया था इसीलिए यह फ़िल्म-गीत ही हुआ समझिए।

यह महबूब साहब की ज़िद थी कि एक गीत साहिर लिखेंगे और दूसरा जाँ निसार। बस आज लिखना था। रातों-रात मौसीक़ी तैयार करनी थी। कल रिकॉर्डिंग होनी थी और परसों से शूटिंग। चूँकि मादर-ए-वतन का मामला था।

सारे स्टार्ज़ आए थे शूटिंग में भाग लेने। राजेन्द्र कुमार, राजकुमार, सुनील दत्त सब और सबकी ज़बान पर जाँ निसार का यह गीत था—

आवाज़ दो हम एक हैं
हम एक हैं
ये वक़्त खोने का नहीं
ये वक़्त सोने का नहीं
जागो वतन ख़तरे में है
सारा चमन ख़तरे में है
फूलों के चेहरे ज़र्द हैं
ज़ुल्फ़ें फ़िज़ा की गर्द हैं
उमड़ा हुआ तूफ़ान है
नरग़े में हिन्दुस्तान है
दुश्मन से नफ़रत फ़र्ज़ है
घर की हिफ़ाज़त फ़र्ज़ है
बेदार हो बेदार हो
आमादा-ए-पैकार हो
आवाज़ दो हम एक हैं

जाँ निसार अख़्तर मादरज़ाद शायर थे

—अब्दुल सत्तार दलवी

जाँ निसार अख़्तर से मेरे मरासिम कॉलेज के ज़माने से थे। तब मैं बी.ए. में पढ़ता था। उन दिनों मक्तब-ए-जामिया में (उर्दू किताबों की दुकान, जे.जे. हॉस्पिटल के पासवाली) शाम के वक़्त तमाम शायर और अदीब जमा होते थे—साहिर लुधियानवी, सरदार जाफ़री, कैफ़ी आज़मी, अज़ीज़ क़ैसी, प्रकाश पंडित, याहिया जसदनवाला, साहिर भोपाली, मजरूह सुल्तानपुरी, अख़्तर-उल-ईमान और जाँ निसार अख़्तर। जाँ निसार अख़्तर को हम सब 'अख़्तर भाई', 'अख़्तर भाई' कहकर बुलाते थे। अरे हाँ, वहाँ मौलाना महर महम्मद ख़ान शेहाब मालेर कोटलवी भी तो आया करते थे जो हिन्दी, उर्दू, अरबी और फ़ारसी के अलावा संस्कृत और वेदान्त के भी स्कॉलर थे और जिनका कम्परेटिव स्टडीज़ में बड़ा ख़ासा शोध था। कभी-कभी इस्मत चुग़ताई और क़ुर्रतुल-ऐन-हैदर भी वहाँ आ जाया करती थीं और उन महफ़िलों को सजाने वाले होते थे मक्तब-ए-जामिया के जेनरल मैनेजर शाहिद अली ख़ान।

बाद के वर्षों में उन महफ़िलों में निदा फ़ाज़ली और हसन कमाल जैसे नौजवान शायर भी शामिल होने लगे। तो अस्ल में हम नौजवानों का काम उन महफ़िलों में होता यह था कि हम ख़ामुशी से सीनियर लोगों की गुफ़्तगू सुनें और अपने आपको ऐजुकेट करें।

बहरहाल, अख़्तर भाई आते ही, बिलकुल बैठते ही, सिगरेट सुलगा लिया करते थे। चेन स्मोकर थे वो।...और जब सिगरेट की डिबिया ख़ाली हो जाती तो परेशान हो जाते। उनके अन्दाज़ से जब उनकी परेशानी का इज़हार होता

तो हम लोग पूछते कि 'अख़्तर भाई क्या परेशानी है?' तो कहते, 'कुछ नहीं वो सिगरेट की डिबिया ख़त्म हो गई। अब मैं लाऊँ कैसे?'

उनके साथ साबिर दत्त रहते थे उन दिनों। सो साबिर दत्त की ही यह ज़िम्मेवारी थी कि वो अख़्तर भाई के लिए सिगरेट की डिबिया लाएँ, माचिस लाएँ, रोड क्रॉस करवाएँ वग़ैरह, वग़ैरह। अख़्तर भाई के ही साथ रहते-रहते तो साबिर दत्त को अदब का शौक़ हुआ और वो कुछ बने।

यह बात मैं सन् 1958-59-60 की कर रहा हूँ। ये महफ़िलें शाम के 5 से 8 बजे तक सजती थीं। जब हमारे ताल्लुक़ात गहरे हुए तो मैंने उन्हें अपने इस्माइल यूसुफ़ कॉलेज, जहाँ मैं पढ़ता था, में आने का आमंत्रण दिया। वो आए भी।

एक जुमले में कहूँ तो यही कहूँगा कि एक मैं ही नहीं उस ज़माने में सब अख़्तर भाई की शायरी से मुतास्सिर थे। मगर वो थे कि हमेशा खोए-खोए से रहते। जैसा एक शायर होता भी है। अपने लम्बे-लम्बे बालों को तरतीब से सुलझाते रहते। लम्बे पाँयचे का पाजामा और कुरता उनकी पोशाक होती थी। ऊपर से जवाहर कट कोट भी कभी-कभी डाल लेते थे।

जल्द ही हम सबने यह महसूस किया कि वो सिर्फ़ एक शायर ही नहीं एक बहुत बड़े स्कॉलर भी हैं क्योंकि उनकी हर गुफ़्तगू बड़ी आलिमाना होती थी। हम सब उन्हें मादरज़ाद शायर कहते थे याने पैदाइशी शायर।

मेरे पास उनके तमाम दीवान आज भी उनके दस्तख़त के साथ मौजूद हैं। उनका मजमूअ-ए-कलाम 'सलासिल' हो या 'जाविदाँ'। 'पिछला पहर' हो या 'ख़ाके-दिल'। सब हैं मेरे पास। इनके अलावा 'घर आँगन' जिसमें इनकी रुबाइयाँ हैं और 'हिन्दोस्ताँ हमारा' जिसमें मुख़्तलिफ़ शायरों के लिखे हुए हिन्दोस्ताँ के बारे में कलाम हैं, दोनों में थोड़ा मेरा भी सहयोग है। इसीलिए अख़्तर भाई ने अपनी इन किताबों के पेश लफ़्ज़ में मेरा ज़िक्र भी किया है।

यह क़िस्सा यूँ है कि जब मैं गांधी मेमोरियल रिसर्च सेंटर में डायरेक्टर हुआ तो मैंने उन्हें अपने यहाँ बुलाया और न सिर्फ़ वहाँ की तैयार की गई बड़ी-सी लाइब्रेरी ही दिखाई बल्कि यह भी बताया कि हमें गांधीजी के द्वारा बताए गए हिन्दोस्तानी ज़बान की कल्पना को, तसव्वुर को यहाँ विस्तार रूप देना है। एक ही पुस्तक में उर्दू और देवनागरी दोनों लिपियों में मज़मून लिखे जाएँगे और इस तरह हिन्दोस्तानी ज़बान को लोकप्रिय किया जाएगा। उन्होंने तुरन्त रिमार्क बुक पर एक शे'र लिखा—

न हिन्दी रहेगी न उर्दू रहेगी
बस हिन्दोस्तानी की ख़ुशबू रहेगी

...और फिर इसके तुरन्त बाद उन्होंने एक प्रोजेक्ट बनाया 'हिन्दोस्ताँ हमारा'। मुझसे कहा कि 'मैं हिन्दोस्तान के बारे में जो नज़्में हैं उनको इकट्ठी कर रहा हूँ। इसमें आप मेरी मदद कीजिए।' मैंने कहा, 'मैं ज़रूर करूँगा।' और मैंने इस तरह 'हिन्दोस्ताँ हमारा' में उनकी मदद की।

जहाँ तक 'घर आँगन' का ज़िक्र है तो वह किताब उर्दू की दुनिया में पहले ही बहुत मशहूर हो चुकी थी। मैंने उनसे कहा कि वो मुझे गांधी मेमोरियल सेंटर के तहत जो हिन्दोस्तानी प्रचार सभा है, जिससे 'हिन्दोस्ताँ हमारा' आई है, 'घर आँगन' को भी दो ज़बानों में एक साथ छापने का मौक़ा दें और उन्होंने मुझे यह ज़िम्मा दिया। इस नए एडीशन की ख़ासियत यह हुई कि इसके लिए उन्होंने 21 रुबाइयाँ और लिख के दीं। 'घर आँगन' की पहली रुबाई अब तक मेरे ज़ेहन में है—

बस तीन ही चीज़ें हैं वतन का ज़ेवर
इस देश की सभ्यता का असली जौहर
इक फूल गुलाब, एक नदी गंगा
इक नार जिसे बुलाएँ गोरी कहकर

उस ज़माने में एक तरफ़ 'घर आँगन' की तो धूम मची ही हुई थी तो दूसरी तरफ़ उनकी बीवी सफ़िया अख़्तर के ख़ुतूत जो उनके नाम मंसूब थे—'ज़ेर-ए-लब' की। इस पर बाक़र मेहदी ने 'गजर' में बहुत अच्छा मज़मून भी लिखा था। मतलब ये कि उस ज़माने में सबके हाथों में इन मियाँ-बीवी की किताबें रहती थीं। उन्हीं दिनों मुझे यह पता चला कि अख़्तर भाई के दो बेटे जावेद और सलमान हैं और दोनों भोपाल में रहते हैं।

सलमान तो बेहद-बेहद अच्छा शायर है। मैंने उनका दीवान 'कू-ब-कू' पढ़ा है।

उन दिनों हर इतवार को मैं उनके घर 'प्रेमालय' जाता था जहाँ अख़्तर भाई की दूसरी बीवी ख़दीजा आपा से भी मुलाक़ातें होती थीं। वहीं मैंने अख़्तर भाई की नज़्म 'आख़िरी लम्हा' सुनी जो उन्होंने अपनी बेटी उनैज़ा के लिए लिखी थी। यह उस वक़्त की नज़्म है जब हार्ट अटैक की वजह से उनकी ज़िन्दगी की मौत के साथ कशमकश थी—

जीने की हर तरह से तमन्ना हसीन है
हर शर के बावजूद ये दुनिया हसीन है
दरिया की तुन्द बाढ़ भयानक सही मगर

तूफ़ाँ से खेलता हुआ तिनका हसीन है
सहरा का हर सुकूत डराता रहे तो क्या
जंगल को काटता हुआ रस्ता हसीन है
दिल को हिलाए लाख घटाओं की घन गरज
मिट्टी पे जो गिरा है वो क़तरा हसीन है

मैं इस नज़्म को आधुनिक ज़माने में उर्दू की एक बेहतरीन नज़्म मानता हूँ।

अख़्तर भाई के यहाँ बाद के वर्षों में बाक़ायदगी से महेन्द्र नाथ और साहिर लुधियानवी का आना होता था। मैंने देखा है कि वहाँ साहिर लुधियानवी अक्सर ही इस आलिम शख़्स अख़्तर भाई को अपनी लिखी चीज़ें दिखाते भी थे और करेक्शन भी करवाते थे उनसे। मगर इस वजह से जो साहब यह सोचते हों कि वह साहिर के लिए पूरी तरह से लिखते थे, ग़लत बात है। उसी ज़माने में साहिर की नज़्म 'परछाइयाँ' जब आई तब यह बात सुर्ख़ियों में थी कि इसमें करेक्शन जाँ निसार अख़्तर ही का है। सच तो यही है कि अख़्तर भाई में बड़ी इल्मीयत थी। मगर अख़्तर भाई अपना अलग लिखते थे और साहिर अपना अलग।

फ़िल्म गीतकार के तौर पर मैंने जाँ निसार अख़्तर का ज़्यादा अध्ययन नहीं किया है। मगर जितने भी गीत सुने हैं उनमें एक लिटरेरी वैल्यू ज़रूर है। फ़िल्मों में वे ज़्यादा सफल नहीं थे। वैसे भी सफलता का आपकी मेरिट से कुछ भी लेना-देना नहीं है। उसमें क़िस्मत का भी हाथ होता है।

18 अगस्त, 1976 को जब उनका इंतक़ाल हुआ तो ऐसा लगा कि आसमान टूट पड़ा हो। 'प्रेमालय' में एक हुजूम-सा था उनके चाहने वालों का। अदबी दुनिया के साथ-साथ फ़िल्मी दुनिया के लोग भी आए हुए थे। उन्हें सांताक्रुज़ के क़ब्रिस्तान में ही सुपुर्द-ए-ख़ाक किया गया था।

यह तो उनकी मौत का 30वाँ साल है। 10 बरस पहले जब मैं मुम्बई विश्वविद्यालय के उर्दू विभाग का अध्यक्ष था तब मैंने उनकी 20वीं बरसी पर एक बड़ा-सा सेमिनार करवाया था। मैं अख़्तर भाई को कभी भी नहीं भूल पाता।

मीटर और सिचुएशन पर बहुत ख़ूब लिखते थे

—सपन

हमने और जाँ निसार अख़्तर साहब ने दो फ़िल्मों में साथ-साथ काम किया था। एक 'जीवन सुख' में और दूसरी 'सज्जो रानी' में।

'जीवन सुख' तो ख़ैर ज़्यादा मशहूर नहीं हुई थी पर 'सज्जो रानी' ख़ासी मशहूर थी। इस फ़िल्म का 'नथनिया ने हाय राम बड़ा दुःख दीना...' गीत उन्होंने जिस ख़ूबसूरती से लिखा था और जिस फ़्लेवर का वो गीत था वैसा गीत कभी किसी दूसरे गीतकार का सुनने को नहीं मिला।

इसी फ़िल्म में अख़्तर साहब ने एक बड़ी ही प्यारी ग़ज़ल लिखी थी जिसे हमने शोभा गुर्टू की ही आवाज़ में रिकॉर्ड किया था।

दिल है हाज़िर लीजिए ले जाइए
और क्या-क्या चाहिए फ़रमाइए

अख़्तर साहब को मीटर पर लिखना भी ख़ूब आता था तो सिचुएशन पर भी। मंझे हुए शायर तो वे थे ही। हमें बड़ा फ़ख़्र था इस बात का कि हम इतने महान शायर के साथ काम कर रहे हैं।

यह ठीक है कि जाँ निसार साहब अन्य दूसरे शायरों, साहिर या मजरूह की तरह फ़िल्मों में ज़्यादा मक़बूल नहीं थे मगर यह सब तो क़िस्मत की बात है।

एक इनसान के तौर पर मैं और जगमोहन उन्हें बहुत ऊँचा आँकते थे।

'सज्जो रानी' जिस वर्ष प्रदर्शित हुई थी उसी वर्ष उनका इन्तक़ाल हुआ था 1976 में। वे भी बान्द्रा ही में रहते थे और मैं भी। हम पड़ोसी थे। हमसे काफ़ी सीनियर थे इसीलिए काफ़ी सीखा हमने उनके संग काम करके।

उन्हें 'सज्जो रानी' फ़िल्म का एक गीत जो बेहद पसन्द था, वह था—सैंया के गाँव में। तारों की छाँव में। बनके दुल्हनिया जाऊँगी।

मैं आज भी अख़्तर भाई को बहुत याद करता हूँ।

गीत मेरे हालात-ए-ज़िन्दगी पर

—आशा भोंसले

बड़े ही शान्त प्रवृत्ति के इनसान थे जाँ निसार अख़्तर। नर्म-ओ-नाज़ुक लहजा था उनका। ऊँची आवाज़ में कभी बातचीत नहीं करते। लम्बे-लम्बे बाल थे उनके जिनको हाथों से सुलझाते रहते।

गोल्डेन एरा के एक उम्दा शायर थे जाँ निसार। ओ.पी. नैयर के संगीत निर्देशन में मैंने उनके लिखे बेशुमार गीत गाए हैं जैसे—'अरे मोरा बालम, कितना ज़ालम...', 'पिया पिया पिया मेरा जिया पुकारे...', 'हो सैंया जा जा जा जा...' 'कुछ कुछ होने लगा...' वग़ैरह, वग़ैरह।

मगर अख़्तर साहब ने एक गीत मेरे हालात-ए-ज़िन्दगी पर लिखा था। मुझे याद है अख़्तर साहब ने कहा था कि 'आशा जी, बेकसी हद से जब गुज़र जाए। कोई अय दिल जिए कि मर जाए, (कल्पना) मैंने आपके लिए आपके हालात-ए-ज़िन्दगी को मद्देनज़र रखकर लिखा है।' ऐसे सच्चे हृदय से लिखे गीत को सुनकर मेरी आँखें भर आई थीं। सच तो यह है कि ऐसा कोई शायर किसी के लिए तब कहता है जब वह उससे स्नेह रखे। अदब जाँ निसार साहब के गीतों से भी ज़्यादा उनके स्वभाव और व्यवहार में दिखलाई देता है।

उनसे अक्सर तब मुलाकातें होती थीं जब मैं ओ.पी. नैयर के यहाँ प्ले-बैक को जाती थी। शुरू-शुरू में तो ओ.पी. नैयर के लगभग सारे गीत जाँ निसार ही लिखते थे और जिन्हें फ़ीमेल प्ले-बैक के तौर पर ज़्यादातर मैं ही गाती थी।

बाद के वर्षों में ओ.पी. नैयर और जाँ निसार अख़्तर ने संग-संग काम करना न के बराबर कर दिया।

उनको याद करती हूँ तो पुराना ज़माना भी याद आता है जिसको आप गोल्डेन एरा कहते हैं कि कैसे लोग एक दूसरे के बारे में सोचा करते थे। आज की तरह अपनी-अपनी हदों में बँधकर नहीं रहते थे।

हाँ, अब्बा साहिर के घोस्ट राइटर थे

—शाहिद अख़्तर

क्या ज़माना था वो भी जब अब्बा (जाँ निसार अख़्तर) हयात थे। हर शाम घर में शायराना महफ़िलें जमतीं। कुछ न कुछ लज़ीज़ पकवान बनते रहते।

आज सब कुछ तो है घर में मगर वो अदबी माहौल नहीं है जिस वजह से घर बहुत ख़ाली-ख़ाली लगता है। आज वो होते तो मेरी बेटी में भी शायरी की परम्परा का संचार हो जाता। मुझे फ़ख़्र है कि मैं उनका बेटा हूँ और यही फ़ख़्र मुझे हर जन्म में हासिल हो, मेरी यही ख़्वाहिश है।

उन्हें उतना पूजा नहीं गया जितने महान शायर वो थे, यही दुःख सताता है मुझे। शोहरत उनसे निगाहें चुराती रही।

जो बात दबी-छुपी जुबान से होती रही है, आज मैं आपकी इस किताब के माध्यम से स्पष्ट कर देना चाहता हूँ कि हाँ, अब्बा साहिर के घोस्ट राइटर थे, मैंने देखा है।

...और इसी वजह से आए दिन घर में झगड़े होते रहते थे। 'बहू बेगम' जब अब्बा प्रोड्यूस कर रहे थे तब अम्मी (ख़दीजा) ने पूछा था उनसे कि 'जाँ निसार साहब इस फ़िल्म के गीत आप ही क्यूँ नहीं लिखते हैं।' तब अब्बा ने कहा था कि 'साहिर मेरा दोस्त है।' याने वो दोस्ती निभा रहे थे और इधर बतौर शायर उनकी इमेज बिखरती जा रही थी।

दूसरी बात जो अब्बा कहते थे वो ये थी कि 'साहिर का नाम बड़ा है और फ़िल्म-जगत में नाम बिकता है।'

मुझे याद है 30 साल पहले के वो दिन। जब गर्मियों के मौसम में अब्बा पैसों की तंगी की वजह से अक्सर मुशायरा पढ़ने जाया करते थे। और एक

दफ़ा वो हसन कमाल साहब के साथ शायद अलीगढ़ जा रहे थे कि रस्ते में ट्रेन में ही उनकी तबीयत नासाज़ हो गई थी। उन्हें लू लग गई थी। फिर तबीयत बिगड़ती चली गई और 18 अगस्त को उनका इन्तक़ाल हो गया।

मैं तो शायर हूँ नहीं फिर भी अगर आप जादू (जावेद अख़्तर) और मेरी शायरी के इल्म की तुलना करें तो मैं मीलों पीछे हूँ। अंग्रेज़ी माहौल में पढ़ाई होने की वजह से उर्दू भी सीख नहीं पाया। मगर अब्बा के साथ हमेशा रहा सो अच्छी शायरी और बुरी शायरी के बीच के अन्तर को मैं बख़ूबी समझता हूँ।

यू.पी. में एक दरगाह है, मेरे वालिद जाँ निसार उसके सज्जादा नशीं थे। इस लिहाज से देखें तो मेरे वालिद के गुज़रने के बाद, जादू (जावेद अख़्तर) के भाइयों में ज्येष्ठ होने के नाते, जादू भी उसी दरगाह के सज्जादा नशीं होने थे। सो उनमें भी अब्बा की परम्परा आनी ही थी।

अब्बा के गुज़रने का यह तीसवाँ साल है। बस एक ही बार कुछ साल पहले भोपाल की उर्दू अकादमी ने, मेरे अब्बा ने मेरी अम्मी को जो ख़त लिखे थे उसकी किताब छापी थी, तब एक कार्यक्रम जाँ निसार अख़्तर साहब, मेरे वालिद को लेकर हुआ था।

मैं आपकी किताब 'निगाहों के साये' को लेकर बहुत उत्साहित हूँ कि ये शाया हो, कुछ अब्बा की बात निकले और आज का ज़माना भी ये जाने कि अच्छा फ़लाँ गीत का शायर जाँ निसार अख़्तर हैं?

हम सब भाई-बहनों की शिक्षा-दीक्षा का बड़ा ख़्याल था अब्बा को। वो हमें ख़ुशहाल देखना चाहते थे।

जब भी जावेद अख़्तर का ज़िक्र चलता तो उनकी आँखें चमक उठतीं। बाद में जब जादू (जावेद अख़्तर) कई फ़िल्मों में सफल हुए तो अब्बा को उन पर बड़ा फ़ख़्र भी होने लगा।

अगर जादू और अब्बा के बीच कुछ ग़लतफ़हमियाँ पैदा हो गई थीं तो उनकी वजह हालात थे अब्बा नहीं या जादू नहीं।

ठीक है अब्बा ने हमें बहुत आरामदायक ज़िन्दगी नहीं दी मगर हमें इसकी कोई शिकायत नहीं है उनसे बल्कि हम उनका शुक्रिया ही अदा करते हैं कि उन्होंने हमारा इतना ख़्याल रखा।

एक बार जब मैं पढ़ने अमरीका जाने वाला था तो उस वक़्त भी अब्बा हर तरह से इन्तज़ाम में लगे थे कि टिकट कैसे होगा? सलमान को भी डॉक्टरी की आगे की पढ़ाई के सिलसिले में अमरीका जाना था, उन्होंने ज़ोय अंसारी से मिलकर पूरा बन्दोबस्त किया था।

उन्हें हज़ारों शेर ज़बानी याद थे जिन्हें अक्सर सुनाते रहते थे। उनका सेंस ऑफ ह्यूमर भी कमाल का था। और हाँ, उसूल के बड़े पक्के थे वो।

मेरी पत्नी लता मशहूर सारंगी वादक पद्म विभूषण पंडित राम नारायण जी की बेटी हैं। तब हमारी शादी नहीं हुई थी और सिर्फ़ प्रेम ही चल रहा था, उन दिनों घर में लता के फ़ोन आते थे। उन्हें बारीक़ी से इस रिश्ते को लेकर ज़िम्मेवारी का अहसास था। एक दिन बैठे-बैठे शेव कर रहे थे, मुझे पास बुलाया। बोले, 'लता मेरे बहुत अच्छे दोस्त की बेटी है। मैं नहीं चाहता हूँ कि तुम कुछ ऐसी हरकत इसके साथ कर बैठो कि कल कोई पुलिस वाला हमारे घर का दरवाज़ा खटखटाए।'

मुझे इस बात का अफ़सोस है कि हमारी शादी उनके इन्तक़ाल के बाद ही हुई।

एक दफ़ा जब उन्हें नेहरू अवार्ड मिला था तब अपनी सारी ख़ुशियों में मुझे शरीक किया था। कहा था कि वे सोवियत जाने वाले हैं।

पहले हम लोग कोलाबा में स्ट्रेंड होटल रहते थे फिर जे.जे. हॉस्पिटल के पास आरकेडिया बिल्डिंग में, फिर आए बान्द्रा में। अब बान्द्रा की यही बिल्डिंग टूटकर नई बन रही है।

जब हम नौकरीशुदा हुए तो हर महीने तनख़्वाह मिलने पर उन्हें सिगरेट के तीन पैकेट फाइव फाइव फाइव की देने लगे और एक अच्छी बोतल शराब की जिसका बड़ा शौक़ था अब्बा को।

उन्हें गाड़ी का भी शौक़ था। आज जब हमने कुछ पैसे कमा लिए हैं, सोचते हैं अब्बा को काश हयात होना चाहिए था।

जाँ निसार अख़्तर की शायरी की परम्परा जावेद अख़्तर और सलमान अख़्तर के बाद अब नई पीढ़ी के फ़रहान में है, मैं जानता हूँ। यह ठीक है कि उसे उर्दू नहीं आती मगर अंग्रेज़ी में उसने पोइट्री की है। कई गीत भी लिखे हैं उसने। ज़ोया ने भी कुछ गीत लिखे हैं अंग्रेज़ी में।

जाँ निसार जिनके अब्बा, दादा और परदादा सब शायर थे की अगली सारी पीढ़ियाँ किसी न किसी रूप में लेखन से जुड़ी ही रहेंगी इसका मैं दावा कर सकता हूँ।

इंकलाबों की घड़ी है

—डॉ. गोपीचन्द नारंग

जाँ निसार अख़्तर उन लोगों में से थे शायरी जिनकी घुट्टी में पड़ी होती है। उनके वालिद मुज़्तर ख़ैराबादी ग्वालियर के नामी-गिरामी शायर थे। इस ख़ानदान में शायरी और शायरी का ज़ौक पुश्तैनी था। गोया जाँ निसार अख़्तर को शायरी माँ के दूध और बाप की शफ़कत से मिली थी। मैंने बहुत कम ऐसे फ़ितरी शायर देखे हैं। ज़बान का रचाव और बयान पर क़ुदरत हद दर्जा थी। निहायत शगुफ़्ता और रवाँ-दवाँ शे'र कहते थे।

जाँ निसार अख़्तर हरचन्द के तरक़्क़ीपसन्द थे और 'लॉबी' के असर से उन्होंने ज़माने के तक़ाज़ों का साथ भी दिया। लेकिन वो शायरी फुसफुसी है। फ़िल्मों में उनके फ़ितरी शे'री इज़हार को बरूएकार आने का मौक़ा मिला।

इसी ज़माने में शायरी का मिज़ाज बदल रहा था।...और मजरूह और फ़ैज़ के असर से तरक़्क़ीपसन्द में ग़ज़ल भी चल निकली थी।

जाँ निसार अख़्तर ने जिस ज़माने में दूसरी शादी की उसके बाद बाज़ मौक़ों पर जब-जब मेरा बम्बई जाना हुआ वो घर पर ज़ेआफ़त करने लगे। ज़ोय अंसारी और राजेन्द्र सिंह बेदी भी इन-इन मौक़ों पे मौजूद रहते थे। जाँ निसार अख़्तर ख़ूब-ख़ूब ग़ज़ल कहने लगे—

इंक़लाबों की घड़ी है
हर नहीं हाँ से बड़ी है

ये गोया शेरी इनहराफ़ का ऐलान था। 'पिछले पहर' की ग़ज़लों का मुसव्विदा बरसों मेरे पास रहा।

फ़िल्मों में जाँ निसार अख़्तर को ख़ूब काम मिलने लगा।

सुनते हैं उस ज़माने में साहिर लुधियानवी का सिक्का इतना रवाँ था कि जो फ़िल्में वो ख़ुद नहीं कर सकते थे वो जाँ निसार से लिखवा लेते थे। कहने वाले कहते हैं कि ये नग़मे चले साहिर के नाम से। लेकिन उनके सच्चे ख़ालिक़ जाँ निसार अख़्तर ही थे।

मुझसे निहायत मुहब्बत से पेश आते। एक मर्तबा देहली के क़ुतुब होटल के एक कमरे में बन्द थे। कहा कि प्रोड्यूसर ने यहाँ लाके मुक़य्यद कर दिया है। नग़मा लिख चुकूँगा तो शाम को तुलू होऊँगा। बीच-बीच में फ़ोन कर लेते। एक मर्तबा कहा—'पहले जो कहता था बाज़ लीडरों को सुना लेता था और छापता वही था जो उनको मंज़ूर होता लेकिन अब मन की मौज पर लिखता हूँ।' 'पिछले पहर' की ग़ज़लें इस तख़लीक़ी आज़ादी की गवाह हैं।

जाँ निसार अख़्तर के फ़िल्मी नग़मे साहिर लुधियानवी की शायरी की तरह तख़लीक़ीयत और ग़िनाइयत की बदौलत हमेशा तर-ओ-ताज़ा रहेंगे। ऐसे सच्चे शायर की जगह तारीख़ में तो होती ही है लोगों के दिलों में भी महफ़ूज़ रहती है।

रूमानी शायरी में तसव्वुफ़ का भी रंग

—हसन कमाल

जाँ निसार अख़्तर साहब की शायरी से मेरी मुलाक़ात तब की है जब मैं कॉलेज में था। यूनिवर्सिटी में उनके शे'रो और उनकी नज़्मों का एक अपना ही जादू था। 'गर्ल्ज़ कॉलेज की लॉरी' उनकी बड़ी मशहूर नज़्म थी हम नौजवानों के लिए। बिलकुल क़ौमी तराने की तरह।

उनसे आमने-सामने वाली मुलाक़ात बाद में तब हुई जब मैं मुम्बई आया। समझ में नहीं आता कि इसे मैं इत्तेफ़ाक कहूँ या क्या कहूँ? इसे क्या नाम दूँ कि उन्होंने अपनी ज़िन्दगी की रेल का आख़िरी सफ़र मेरे साथ ही किया था। हम दोनों एक फ़ंक्शन में लखनऊ जा रहे थे और रास्ते में उनके दोनों पाँव सुन्न होने लगे। ज़ाहिर है कि हम सब घबरा गए थे। मैंने उनके पाँव को मसाज वग़ैरह करने की कोशिश की। लेकिन मुझे ऐसा लगा कि मामला कुछ संगीन होता जा रहा है। मैंने ट्रेन पर ही गार्ड को बताया कि इस बाबत किसी तरह भोपाल इत्तला की जानी होगी। एक तो भोपाल में मेडिकल एड की सुविधा जल्द से जल्द मिलती, दूसरा यह कि उनके कुछ अज़ीज़दार भी भोपाल में ही थे जिनके टेलीफोन नम्बर्ज़ उन्होंने मुझे दे रखे थे।

बहरहाल इत्तेफ़ाक से यह काम रेलवे ऑफिसर्स के सहयोग से हो गया और वे भोपाल में उतार दिए गए और मैं लखनऊ चला आया।

बात यूँ थी कि लखनऊ में उन्हें एक अवार्ड दिए जाने का ऐलान हुआ था और हम दोनों ही उस अवार्ड फ़ंक्शन में जा रहे थे। ख़ैर, उन्होंने मुझसे

कहा कि वे तो भोपाल में उतर रहे हैं, मैं ही उस अवार्ड को लेकर आऊँ।... और इधर मैं उनका अवार्ड लेने गया और उधर उनका इन्तक़ाल हो गया।

जाँ निसार अख़्तर से मेरी क़ुरबत जिन दिनों बढ़ी उन दिनों किसी वजह से साहिर लुधियानवी से उनके सम्बन्ध ख़त्म से हो चले थे। मैंने कभी जानने की कोशिश भी नहीं की कि आख़िर इसके पीछे की वजह क्या थी? और ज़ाहिर है कि यह उनकी ज़िन्दगी की बड़ी परेशानी का दौर था।

मैं उस ज़माने में उर्दू 'ब्लिट्ज़' का एडिटर था।...तो हम क्या कर सकते थे सिवाय इसके कि वे उर्दू 'ब्लिट्ज' के लिए कुछ लिखें।...उनका जब जी चाहता, लिखते। हम उनको कोई हुक्म तो दे नहीं सकते थे कि आप हर हफ़्ते लिखें।...और वे भी जब जी चाहता था लिखते थे। मगर तब एक बड़ी अजीबोग़रीब बात हुई थी। उनकी जो शायरी थी उसने एक नई करवट ले ली। ऐसा बहुत कम होता है। उम्र के जिस स्टेज तक जाँ निसार आ चुके थे, बाज़ लोग उस स्टेज तक आकर थक जाते हैं और ख़ामोश हो जाते हैं। ज़्यादातर मैंने यही देखा है। अगर शायरी करते भी हैं तो अपने आप को दोहराते रहते हैं। लेकिन पता नहीं यह जाँ निसार अख़्तर की कौन-सी नफ़्सीयाती वजूहात रही कि उनकी शायरी ने एक ग़ज़ब की नई करवट ले ली। शायद वे अपनी ज़िन्दगी के तजुरबे के किसी ज़हनी हालात से गुज़र रहे थे।

...और अचानक पूरी दुनिया को यह मालूम हुआ कि वह जो कल का जाँ निसार अख़्तर था वह एक बिलकुल जदीद और मॉर्डन ग़ज़ल गो शायर बनके उभरा है। फिर तो उन ग़ज़लों ने एक हंगामा-सा बरपा किया। अदबी दुनिया में भी और यहाँ-वहाँ भी।

जाँ निसार कभी भी मुशायरे के बहुत अच्छे शायर नहीं माने गए। मतलब यह नहीं कि वे बुरे शायर थे। मतलब यह कि मुशायरों में शायरों के चलने के अलग-अलग कारण होते हैं। कुछ इस वजह से चलते हैं कि उनका नाम बड़ा होता है तो कुछ के पढ़ने का अन्दाज़ निराला होता है तो कुछ का तरन्नुम बड़े कमाल का होता है।

लेकिन जब उनका यह नया दौर आया तो न सिर्फ़ अदबी रिसालों में बल्कि मुशायरों में भी उन्हें बड़े ग़ौर से सुना जाने लगा। अदबी हलक़ों में तो एक धूम-सी मच गई कि 'जाँ निसार की शायरी सुनी, उसने एक नई करवट ले ली है।' और वाक़ई उस ज़माने में उन्होंने जो ग़ज़लें कहीं, नज़्में कहीं, रूबाइयाँ कहीं और फ़िल्मों के गीत लिखे जो सन् 70 के बाद के

हैं, वे उनके पिछले दौर से कहीं आगे के हैं और बेहतर भी। उनमें ज़्यादा ख़ूबसूरत और तहदार बातें थीं और यह मेरी ख़ुशनसीबी है कि मैं उस दौर में उनके साथ था।

यह एक तआस्सुर था। अब दूसरा तआस्सुर यह है कि सिर्फ़ तीन ही शायर ऐसे हुए हैं जिनमें एक तो जाँ निसार ही हैं जिनकी फ़िल्मों का क्या हुआ यह तो पता नहीं, लेकिन जिनके गाने कभी फ़ेल नहीं हुए। मुझे जो याद पड़ता है उस हिसाब से उनका पहला गीत जो बेहद मक़बूल हुआ था वह था 'यास्मीन' फ़िल्म का सी. रामचन्द्र के म्यूज़िक वाला गीत—

हमपे इल्ज़ाम-ए-बेवफ़ाई है
अय मुहब्बत तेरी दुहाई है

उसके बाद 'छू मन्तर', 'ब्लैक कैट' और 'सी.आई.डी.' के भी गीत ख़ूब चले और आख़िरी दौर में 'प्रेम पर्वत' और 'रज़िया सुल्तान' के गाने। उनके गाने हर वक़्त अच्छे ही रहे और चले भी। मगर यह है कि जिस वक़्त उनके गीत ख़ूब चलने लगे और उनका एक नाम हुआ उन्हीं दिनों ख़ुद जाँ निसार इस दुनिया से चले गए।

जब भी कोई अदबी शायर फ़िल्म के लिए गीत लिखने आता है तो उसे कुछ समझौते करने ही पड़ते हैं। अपनी शायरी से नीचे उतरना ही पड़ता है। जाँ निसार के संग भी यह हुआ। मगर इनके गीतों ने अदब और तहज़ीब का दामन कभी नहीं छोड़ा बल्कि इनके गीतों में शायर का जो एक अक्स है वह कभी ग़ायब नहीं हुआ। उन्होंने समझौते नहीं किए। फ़िल्मी गीतों में भी उनकी असल शायरी की महक और ख़ुशबू मौजूद रही।

मैं समझता हूँ कि बेसिकली तरक़्क़ीपसन्द शायरों की सफ़े में जाने के बावजूद वे बुनियादी तौर पर रूमानी लहजे के ही शायर थे और ये रूमानी लहजा कभी, किसी भी आलम में उनसे जुदा नहीं हुआ। हो सकता है, उन्होंने वक़्त के तक़ाज़ों या सोहबत के असर में कभी कुछ नारेबाज़ी भी कर दी हो लेकिन वह बहुत ही मामूली हिस्सा है उनकी शायरी का। उनकी शायरी में जो रोमांस है वही बहुत ग़ालिब पहलू है। फिर व्यक्तिगत तौर पर भी वह एक बेहद रोमैंटिक शख़्सियत थे। जहाँ भी और जिस चीज़ में भी उन्हें हुस्न नज़र आता वह उसकी दाद दिए बग़ैर नहीं रहते। यही वजह है कि अगर आप उनकी तरक़्क़ीपसन्द शायरी भी निकालें, तो उनमें भी लहजे की नर्मी, रानाइयत और तरन्नुम मिलेगा।

जाँ निसार अख़्तर के गीतों में नग़मगी है जो तरन्नुम पोशीदा तो है ही मगर इनके ख़ालिस रूमानी शायरी ने कई जगहों पर तसव्वुफ़ को भी छुआ है। जाँ निसार का यह शे'र देखिए। क्या कुछ नहीं है इसमें—

हमने इनसान के दुःख दर्द का हल ढूँढ़ लिया
क्या बुरा है कि ये अफ़वाह उड़ा दी जाए

जाँ निसार अख़्तर अगर कमाल के शायर थे तो इसके पीछे उनका ऐसा अदबी ख़ानदान था जो शायरी और अदब एक-दूसरे में रचा-बसा था। इस ख़ानदान ने अपनी शायरी में अपने वक़्त की रूमानियत का दीदार करवाया है।

उनके आख़िरी दौर में उनकी बातचीत से भी सूफ़ीइज़्म की झलक आती थी जो उनकी शायरी का एक और कमाल का अध्याय है।

मुशायरा पढ़ते वक़्त जाँ निसार...

—सलमा सिद्दिक़ी

भई अकेला साहब, जाँ निसार अख़्तर साहब से आपने मरासिम का ज़िक्र किया तो मेरे लिए बड़ी मुश्किल हो गई है कि मैं उसकी तारीख़ कैसे दरियाफ़्त करूँ?

असल में मेरा ताल्लुक़ अलीगढ़ से है जहाँ जाँ निसार अख़्तर, उनकी बीवी सफ़िया अख़्तर (उस वक़्त की सफ़िया सिराजुल-हक़ मजाज़), सरदार जाफ़री, ख़्वाजा अहमद अब्बास और इस्मत चुग़ताई इतने लोग तब अलीगढ़ मुस्लिम विश्वविद्यालय में पढ़ रहे थे।...और मेरे वालिद रशीद अहमद सिद्दिक़ी के इत्तेफ़ाक़ से ये सब शागिर्द थे। सो आप कह सकते हैं कि अनजानेपन में ही मैंने इन सबको जान लिया था। अदबी हैसियत से तो मैंने इन सभी को बाद में जाना।... और हाँ, मैंने इनके ख़ानदानों और अपने ख़ानदान के मरासिम से भी इन्हें जाना है।

मैं उस वक़्त स्कूल में थी छठी में, मेरे ख़्याल से सफ़िया व इस्मत आपा बी.एड. कर रही थीं जो उस वक़्त बी.टी. कहलाता था और ये दोनों स्कूल में हमें पढ़ाने आती थीं। चुनांचे इन दोनों का मेरी ज़िन्दगी में इंतिहाई असर पड़ा। इन दो ख़वातीनों को मैं कभी भूल ही नहीं सकती। दोनों ने औरतों का एक बिलकुल नया और अनोखा रूप दिखलाया।

ख़ैर, फिर सफ़िया और जाँ निसार की शादी हुई और जब तक दोनों भोपाल में संग-संग रहे बड़े ख़ुश-ख़ुश रहे। एक बड़ी अच्छी और ख़ूबसूरत ज़िन्दगी और गृहस्थी थी उनकी। लेकिन सियासी हालात कुछ ऐसे बने अख़्तर साहब के कि उनको नौकरी छोड़नी पड़ी। वे अंडरग्राउंड हुए फिर बॉम्बे आ गए।

उधर सफ़िया आपा बच्चों को भी पालती रहीं और काम भी करती रहीं। फिर उनकी तबीयत ख़राब होने लगी और एक दिन ख़ुद को सँभाल नहीं

पाईं। हालाँकि इतनी तकलीफ़ों और तनहा जीवन जीने के बावजूद ज़हनी तौर पर बड़ी बहादुर औरत थीं सफ़िया। उन्हें अपने बच्चों जावेद और सलमान से भी बहुत प्यार था और हाँ, मैंने अपनी ज़िन्दगी में, सफ़िया का जावेद से जो इश्क़ था, वैसा इश्क़ किसी माँ का अपने बेटे से नहीं देखा है।

इसीलिए कहती हूँ कि बड़ी नाइंसाफ़ी हुई सफ़िया के संग भी तो जावेद के संग भी। सफ़िया कम-से-कम कुछ हिस्सा तो अपने बेटों की सफलता का देख लेतीं ख़ासकर जादू (जावेद अख़्तर) की सफलता का।

ख़ैर, फिर जाँ निसार की शादी मोहतरमा ख़दीज़ा से हुई। मगर इतना है कि सफ़िया आपा की ज़िन्दगी रहते जाँ निसार का किसी से कोई ऐसा-वैसा क़िस्सा नहीं रहा। सफ़िया के इंतक़ाल के बाद ख़दीजा उनकी ज़िन्दगी में आई।...और इसकी शुरुआत भी जाँ निसार की तरफ़ से नहीं हुई थी ख़दीजा की तरफ़ से ही हुई थी, मुझे मालूम है। ये भोपाल की थीं और ज़ाहिर है उस ज़माने की जो उर्दू की ख़वातीन थीं वो तमाम शोयरा से बहुत मुतास्सिर होती थीं। पसन्द करती थीं। फिर जाँ निसार की तनहा ज़िन्दगी के इतने दिन हो गए थे। मतलब तनहाई थी ऐ थी वो थी।...तो ज़िन्दगी तो अकेले गुज़ारनी मुश्किल थी।...वो ज़माना उनकी ख़ुशहाली और फ़राग़त का भी न था। उसी वक़्त ख़दीज़ा उनकी ज़िन्दगी में आईं और बम्बई में उनके साथ रहने लगीं।

अजीब इत्तेफ़ाक़ है कि ख़दीजा से भी मेरे अच्छे मरासिम थे। हालाँकि शुरू में यहाँ-वहाँ, पार्टियों में, कहीं भी मुझे उनसे मिलने में ज़रा 'वो' होता था। पता नहीं क्यूँ? लेकिन बाद में मैंने देखा और ख़ुसूसन मेरे शौहर कृष्ण चन्दर जी ने जब मुझसे कहा कि, 'भई देखो, अगर सफ़िया की ज़िन्दगी में जाँ निसार के ख़दीज़ा के साथ कुछ मरासिम होते तो तुम्हारा ऐसा सोचना जायज़ था मगर ये तो उनके बाद का क़िस्सा है।'

बहरहाल, उनकी शायरी पर आती हूँ। देखिए मेरी यह बिलकुल ज़ाती राय है कि जाँ निसार हमारे उर्दू के बहुत बड़े शोयरा थे। उनकी शायरी तो हमेशा अदबी ही होती थी और फ़िल्मों में भी वे अदब बरक़रार रखना चाहते थे सो यहाँ वे इतने मक़बूल नहीं हुए। अब कृष्ण चन्दर साहब को ही ले लीजिए न, आफ़र्ज़ आते मगर वे भी फ़िल्म मीडियम में उतनी दिलचस्पी नहीं लेते थे। ऑडियेंस जो चाहती है या प्रोड्यूसर जो चाहता है उसका ख़्याल रखना भी ज़रूरी होता है। तो जो अपने मन मुताबिक़ फ़िल्में कृष्ण जी ने बनाईं वो चली भी नहीं।

फिर जाँ निसार महफ़िल के कोई बहुत मशहूर शायर भी नहीं थे। उनका तरन्नुम भी अच्छा नहीं था जैसा मजरूह सुल्तानपुरी का या इनका-उनका था।

फ़िल्मों में तहज़ीबी रवायत से वे हटना नहीं चाहते थे। निचले दर्जे पर जाना उन्हें नामंज़ूर था।

तरन्नुम और शे'र पढ़ने के विषय पर उर्दू के उस वक़्त के सोकालेड सबसे बड़े शायर फ़ैज़ अहमद फ़ैज़ का भी ध्यान आता है कि उनके कलाम सुनते बाज़ वक़्त ये जी चाहता था कि भई इन्हें कोई और पढ़े। वे भी अपने कलाम ठीक से नहीं पढ़ पाते थे। मगर हाँ, उनका तरीक़ा दूसरा था कि वे मुशायरा पढ़ते वक़्त अपने अश्यार को झटकते जाते थे और जाँ निसार अपनी जुल्फ़ों को जिन्हें उनके बेतकल्लुफ़ दोस्त उनकी अदाएँ कहते थे।

जब मुशायरे को अख़्तर भाई जाते तब बाक़ी शायर तो संयोजक से पूछते मगर जाँ निसार नहीं पूछते थे कि भई कितना मिलेगा? कहाँ ठहराओगे? कैसे आना-जाना होगा? मतलब मुशायरों को कभी अपनी आमदनी का ज़रिया नहीं बनाया था उन्होंने।

आप जो प्रश्न पूछ रहे हैं अकेला जी वो बड़ा कंट्रोवर्सियल है। मगर हाँ, उस ज़माने में सरगोशियों में लोग यह बात कहते थे कि अख़्तर साहब साहिर के राइटर हैं। लेकिन मैं यही कहूँगी कि चूँकि दोनों गहरे दोस्त थे इसलिए दोनों पर एक-दूसरे की शायरी का रंग भी चढ़ा हुआ था।

जाँ निसार की शायरी का एक दौर बाद का है। आप उनकी रुबाइयाँ पढ़िए जो 'घर-आँगन' में हैं। इसमें उन्होंने बड़ी आसानी से हिन्दी के कई अल्फ़ाज़ को रखा है। वह भी ख़ूबसूरती से। इसीलिए कि वे अवध से ताल्लुक़ रखते थे। वैसे मेरा भी ताल्लुक़ अवध से है और मैंने देखा है कि वहाँ की औरतों की ज़बानों में हिन्दी के एक से बढ़कर एक ख़ूबसूरत लफ़्ज़ भरे पड़े हैं।

मैं उनकी बाद के वर्षों की लिखी हुई ग़ज़ब की नज़्म 'आख़िरी लम्हा' की भी बात आख़िर में करना चाहूँगी—

मत रोको इन्हें पास आने दो
ये मुझसे मिलने आए हैं...

इस नज़्म में जाँ निसार अख़्तर की शायरी और ज़िन्दगी हर बन्धन से मुक्त होकर वहीं पहुँच गई थी जिस शानदार मक़ाम से उन्होंने अपनी शायरी और ज़िन्दगी शुरू की थी। बड़ी सच्ची नज़्म है ये भी, बड़े सच्चे शायर थे जाँ निसार अख़्तर।

एक बोहेमियन शायर

—निदा फ़ाज़ली

जाँ निसार अख़्तर एक बोहेमियन शायर थे। उन्होंने अपनी पोइट्री में क्लासिकल ब्यूटी और मार्डन सेंसब्लिटी का ऐसा सन्तुलन किया है कि उनके शब्द ख़ासे रागात्मक हो गए हैं। उन्होंने जो भी कहा ख़ूबसूरती से कहा—

उजड़ी-उजड़ी सी हर एक आस लगे
जिश्न्दगी राम का वनवास लगे
तू कि बहती हुई नदिया के समान
तुझको देखूँ तो मुझे प्यास लगे

जाँ निसार अख़्तर के बेशतर अश्आर लोगों की ज़बान पर थे और हैं भी।

अदबी शायरी के अलावा उन्होंने फ़िल्मी शायरी भी बड़ी अच्छी की है जो अदबी लिहाज़ से भी निहायत कामयाब रहे। जैसे—

आँखों ही आँखों में इशारा हो गया
बैठे-बैठे जीने का सहारा हो गया

या

अय दिल-ए-नादाँ
आरज़ू क्या है
जुस्तजू क्या है
अय दिल-ए-नादाँ

फ़िल्मी दुनिया में दो तरह के शायर मिलते हैं। एक तो वो जिन्हें फ़िल्म जगत शायर बना देता है दूसरे वो जो ख़ुद शायर होते हैं और अपने दीवान के साथ फ़िल्म इंडस्ट्री ज्वाइन करते हैं। जाँ निसार दूसरे तरह के शायर थे। फ़िल्म जगत में आने से पहले ही न सिर्फ़ वो एक स्थापित शायर थे बल्कि उनकी कई किताबें और कई नज़्में-ग़ज़लें मशहूर हो चुकी थीं।

1935-36 में तरक़्क़ीपसन्द आन्दोलन से जुड़े एक अहम शायर थे जाँ निसार अख़्तर। उनके समकालीनों में सरदार जाफ़री, फ़ैज़ अहमद फ़ैज़ और साहिर लुधियानवी प्रमुख थे। जाँ निसार उसी पाये के शायर थे।

उनकी एक नज़्म है 'आख़िरी मुलाक़ात' जिसके बारे में मेरा अपना ख़्याल है कि ये पिछले 50 सालों में उर्दू में लिखी गई एक बेहद आउट स्टेंडिंग नज़्म है—

मत रोको इन्हें पास आने दो
ये मुझसे मिलने आए हैं
मैं ख़ुद न जिन्हें पहचान सकूँ
कुछ इतने धुँधले साये हैं

शायर के हर इशारे के पीछे उसके जीवन का एक वाक़िया छिपा है। यही इस नज़्म की ख़ूबसूरती है और ऐसी नज़्म उर्दू में सिर्फ़ जाँ निसार अख़्तर ही के पास है।

जाँ निसार अख़्तर साहब कमाल अमरोहवी की 'रज़िया सुल्तान' के सोलो सांग राइटर थे। मगर ज़िन्दगी ने उनके साथ बेवफ़ाई की और फ़िल्म के पूरी होने से पहले ही वो ज़िन्दगी से रुख़सत हो गए। तब जाकर कमाल साहब ने मुझे बुलाया और मैंने उस फ़िल्म के आख़िरी दो नग़मे लिखे।

जाँ निसार अख़्तर की बेगम सफ़िया अख़्तर भी बहुत अच्छी राइटर थीं। उन्होंने एक बहुत अच्छा आर्टिकल भी लिखा था अपने शौहर जाँ निसार पर 'घर का भेदी' नाम से। उसमें उन्होंने लिखा था कि, 'जाँ निसार, ज़्यादा लिखना और तेज़ी से लिखना बुरा नहीं है, उस्तादोंवाली बात है लेकिन मैं चाहती हूँ कि तुम रुक-रुक के और थम-थम के लिखो।'

एक बात और, तरक़्क़ीपसन्द शायरों को आप दो-तीन कैटगरीज़ में बाँट सकते हैं। एक में सरदार जाफ़री, कैफ़ी आज़मी और नियाज़ हैदर टाइप शायर हैं। दूसरी में साहिर लुधियानवी और सलाम मछली शहरी टाइप शायर। लेकिन तीसरी कैटगरी में कुछ ऐसे पोइट हैं जो निहायत म्यूज़िकल

भी हैं जैसे मजाज़, जज़्बी और यही जाँ निसार अख़्तर। यही वजह है कि जाँ निसार फ़िल्मों में इतने कामयाब रहे।

वो मध्यप्रदेश के एक बहुत ही रागात्मक क्षेत्र तानसेन की बस्ती ग्वालियर के निवासी थे। उनके शब्दों के ढलाव और सजाव में उस नगर की रागात्मकता ही नहीं है, हिन्दी और उर्दू के क्लासिकल काव्य परम्परा के जुड़ाव भी हैं। अपनी ज़िन्दगी अपने तौर पर जी और अपनी ही शर्तों पर साहित्य की रचना की जाँ निसार अख़्तर ने।

परिशिष्ट

फ़िल्म-सूची

क्रम	वर्ष	फ़िल्म	संगीतकार
1.	1948	शिकायत	राशिद आत्रे
2.	1950	आरज़ू	अनिल बिस्वास
3.	1950	खेल	सज्जाद हुसेन
4.	1953	अनारकली	बसन्त प्रकाश
5.	1954	गुलबहार	धनी राम/ख़य्याम
6.	1954	डंका	अज़ीज़ हिन्दी
7.	1954	धूप छाँव	अज़ीज़ हिन्दी
8.	1954	बाराती	रोशन
9.	1955	बाप रे बाप	ओंकार प्रसाद नैयर, चितलकर रामचन्द्र
10.	1955	मधुर मिलन	बुलो चंद रानी
11.	1955	यास्मीन	चितलकर रामचन्द्र
12.	1955	लुटेरा	चितलकर रामचन्द्र
13.	1956	छू मन्तर	ओंकार प्रसाद नैयर
14.	1956	सी.आई.डी.	ओंकार प्रसाद नैयर
15.	1956	ढाके की मलमल	ओंकार प्रसाद नैयर
16.	1956	नया अन्दाज़	ओंकार प्रसाद नैयर
17.	1956	हसीना	बुलो चंद रानी

18.	1956	मिस्टर लम्बू	ओंकार प्रसाद नैयर
19.	1956	श्रीमती 420	ओंकार प्रसाद नैयर
20.	1957	उस्ताद	ओंकार प्रसाद नैयर
21.	1957	क़ैदी	ओंकार प्रसाद नैयर
22.	1957	दुनिया रंग रंगीली	ओंकार प्रसाद नैयर
23.	1957	माई बाप	ओंकार प्रसाद नैयर
24.	1958	फ़रिश्ता	ओंकार प्रसाद नैयर
25.	1958	चलता पुरज़ा	अज़ीज़ हिन्दी
		(इस फ़िल्म का दूसरा नाम 'चैलेंज' भी है।)	
26.	1958	रागिनी	ओंकार प्रसाद नैयर
27.	1959	ब्लैक कैट	नायक दत्ता
28.	1959	मिस्टर जॉन	नायक दत्ता
29.	1960	कल्पना	ओंकार प्रसाद नैयर
30.	1960	डॉक्टर शैतान	नायक दत्ता
31.	1960	रिक्शा वाला	नायक दत्ता
32.	1960	रोड नम्बर 303	चंडीराम अर्जुन
33.	1961	दो भाई	नायक दत्ता
34.	1961	मैं और मेरा भाई	चंडीराम अर्जुन
35.	1961	मिस्टर इण्डिया	गुरुशरण कोहली
36.	1961	शोला और शबनम	ख़य्याम
37.	1962	दिल्ली का दादा	नायक दत्ता
38.	1963	रुस्तम सोहराब	सज्जाद
39.	1964	आवारा बादल	उषा खन्ना
40.	1965	एक साल पहले	चंडीराम अर्जुन
41.	1966	सुशीला	चंडीराम अर्जुन
		(इस फ़िल्म का दूसरा नाम 'सुबह ज़रूर आएगी' भी है।)	
42.	1970	कौन हो तुम	उषा खन्ना
43.	1970	मंगू दादा	चंडीराम अर्जुन
44.	1970	ट्रक ड्राइवर	सोनिक ओमी
45.	1971	कहीं आर कहीं पार	गणेश

46.	1971	रामू उस्ताद	राज रतन
47.	1973	जीवन सुख	सपन जगमोहन
48.	1973	प्रेम पर्वत	जयदेव
49.	1973	द क्रिमिनल्ज़	उषा खन्ना
		(इस फ़िल्म का दूसरा नाम 'हम सब चोर हैं' भी है।)	
50.	1974	आईना	नौशाद
51.	1974	आलिंगन	जयदेव/सपन जगमोहन
52.	1974	अलबेली	कल्याण जी आनन्द जी
53.	1974	दास्तान-ए-लैला मजनूँ	इक़बाल क़ुरेशी
54.	1974	हमराही	कल्याण जी आनन्द जी
55.	1974	परिणय	जयदेव
56.	1974	प्यासे दिल	ख़य्याम
57.	1975	आन्दोलन	जयदेव
58.	1975	मुट्ठी भर चावल	ख़य्याम
59.	1975	संध्या	ख़य्याम
60.	1975	संगत	सलिल चौधरी
61.	1976	सज्जो रानी	सपन जगमोहन
62.	1977	आख़िरी सजदा	सज्जाद
63.	1977	शंकर हुसैन	ख़य्याम
64.	1977	सुबह ज़रूर आएगी	चंडीराम अर्जुन
		(यह 1966 वाली फ़िल्म 'सुशीला' ही का दूसरा नाम है।)	
65.	1978	दो शिकारी	चित्रगुप्त
66.	1979	चम्बल की रानी	नौशाद
67.	1979	नूरी	ख़य्याम
68.	1979	श्यामला	कनू रॉय
69.	1980	वो फिर नहीं आई	कनू रॉय
70.	1980	एक गुनाह और सही	जयदेव
71.	1983	रज़िया सुल्तान	ख़य्याम
72.	1984	ऊँची उड़ान	जीतू तपन
73.	1988	सूरमाँ भोपाली	दिलीप सेन समीर सेन

74.	अप्रदर्शित	साज़	सचिन देव बर्मन
75.	अप्रदर्शित	हम हैं राही प्यार के	ख़य्याम
76.	अप्रदर्शित	हमारी कहानी	चंडीराम अर्जुन
77.	अप्रदर्शित	मर्डर ऑन हॉयवे	चंडीराम अर्जुन
78.	अप्रदर्शित	शादी कर लो	जयदेव
79.	अप्रदर्शित	पुकार	नौशाद
80.	अप्रदर्शित	मजनून	ख़य्याम